日本の公安警察

青木理

講談社現代新書

はじめに

一九九九年八月一二日午後一時五九分、参議院本会議で警察など捜査機関による盗聴捜査を認める通信傍受法（盗聴法）を含む組織犯罪対策三法が自民、自由、公明三党の賛成多数により可決、成立した。続いて同日夜、改正住民基本台帳法も採決入りし、これもやはり三党などの賛成多数で可決、成立した。法案の本会議採決をめぐり与野党が徹夜の攻防を繰り広げたのはPKO協力法以来七年ぶりということもあり、議場内には野次と怒号が飛び交っていた。だが、傍聴席に座って議場を眺めながら感じたのは、奇妙な倦怠感だった。

自自公という不可思議な絶対与党体制が成立して以降、為政者たちが長らく望んできた監視と管理のシステム強化作業が着実に進められてきた。盗聴法、改正住基法の前にはガイドライン関連法、国旗・国歌法が、後にはオウム真理教対策のための団体規制法が相次いで成立し、破壊活動防止法の改正、さらには憲法改正までが視野に入りつつある。いずれも国家機能強化を図るための一種の治安法の整備作業と言ってよいであろう。

冷戦構造崩壊後、オウム真理教というカルト集団の出現や朝鮮半島を取り巻く不穏情勢など、この国の内外には確かに新たな不安定要素が浮き沈みし、一連の法整備はこれらへの「対応策」との体裁が取られつつ進められてきた。全てがそうではないにせよ、監視と管理機能を強化する治安法整備である以上、その背後に見え隠れするのは警察を筆頭とする巨大な治安機関の姿である。本来ならばその実像は、法制定の過程において情報の公開と議論の対象となるべき一大テーマでもあった。だが治安機関を覆い隠すベールは厚く、漏れ伝わってくるデータは極めて微少で、公刊されている記録はほとんど存在せず、結局はさほど議論も起きないままに治安法整備作業のみが着々と進められてきた。

治安機関をテーマの一つに取材を続けてきた経験則から言えば、実は「対応策」なるものは単なる名目に過ぎず、国家機能の強化自体が目的なのではないのか、そう感じることすら往々にしてあった。なのに治安機関の姿は一向に見えないまま、その機能強化システムばかりが組み上がっていく——強く感じた倦怠感を言葉に変換するならば、こんなところだろうか。

盗聴法の採決に入る直前、反対討論を繰り広げていた野党議員に向かって与党席からこんな野次が飛んだ。「警察を信頼しろ」。これが笑えぬ冗談に過ぎなかったことは、間もなく神奈川県警を始めとし全国の警察で次々と噴出した信じがたい不祥事によって再認識された。無心の依存は無謀な賭け事に過ぎない。

この国の警察は概ね職務に忠実であり、多くの警察官は真面目である。だが時にとんでもないことを平然としでかす。公安警察においては、それは一層顕著である。短視的とも思える「対応策」を易々と容認する前に、我々はまず、知らねばならない。公安警察を中心とする日本の治安機関が何をなし、何をなさなかったのか。治安を名目としてどのような活動を繰り広げてきたのか、繰り広げようとしているのか。

繰り返すが、覆うベールはあまりに厚い。だからこそ密行性と閉鎖性の壁の向こう側で活動は肥大し、制御を失いかねない。唯一の制御法は「知る」ことしかない。本書はそのための微弱なトライアルである。

なお、日本の警察組織においては、機動隊運営や災害対策、警衛・警護などを包括して「警備警察」あるいは「警備・公安警察」と総称されるのが一般的である。本書ではこのうち、機動隊運営や警衛・警護、あるいは災害対策部門などを除き、原則として「公安事件の捜査」および「公安情報の収集」に当たっている部門を「公安警察」、同部門に所属する警察官、捜査員を一括して「公安警察官」と呼称することとした。

また本文中では原則として敬称を略させていただいたことも事前にお断りしておく。

目次

1——厚いベールの内側

警視庁本部庁舎（右）と
警察庁が入る合同庁舎ビル

1——公安警察の組織機構

治安機関の中枢

東京のほぼ中心に位置する官庁街・霞が関。その中でも国道一号線の虎ノ門交差点から桜田門までに至る道沿いは、日本の中枢的な中央官庁が密集する、日本官僚機構の〝頭脳〟とも言うべき地域である。虎ノ門側から順に眺めるだけでも、文部省、大蔵省、郵政省、通産省、外務省、農水省の建物群が大通りを両側から睨み据えるように左右に分かれ、威圧感を漂わせながらそびえ立つ。

その先端近く、裁判所合同庁舎と向かい合うように二つの巨大ビルが威容を見せている。皇居寄りのビルが警視庁本部庁舎。もう一つの地上二一階建ての近代的合同庁舎ビルに入るのが、日本警察の頂点に位置する警察庁である。かつて合同庁舎敷地内には赤茶色をした煉瓦タイル張りの重厚な建物が存在した。一九三三年に竣工し、九五年から取り壊しが始まったそのビルには戦前から敗戦直後にかけ、内政に強大な権勢を誇った内務省が入居していた。その権力の強大さは現在の自治省、警察庁、厚生省、建設省、労働省、消防庁、そして法務省の一部、農水省の一部などまでを包含する行政権を一手に司っていたことを記せば十分だろう。国民の「揺りかごから墓場まで」を統治した内務省が戦後間もなく解体されると、同ビルは「人事院ビル」と呼ばれるようになった。この名称を屈辱ととらえる旧内務官僚も多いと伝えられるが、同じビルに内務省の中枢機能だった警察庁、自治省が位置していたのは偶然ではあるまい。

この地に存在する警察庁警備局こそが、日本における治安機関の中枢、公安警察のトップに君臨する組織である。警備局を頂点とする公安警察組織の巨大な機構内部に分け入っていく前に、まずは日本の警察組織の全体像を概観しておこう。

警察庁を頂点とするピラミッド

現代日本の警察は建て前上、自治体警察を標榜している。だが現実においてその構造は、警察庁を頂点とし、北海道から沖縄まで全国各地の都道府県警察を配下に置く巨大なピラミッドを形作っており、きわめて中央集権性の高い国家警察的機構である。

全国の警察執務は各都道府県公安委員会の管理の下で各都道府県警が行うこととされ、形式的には確かに自治体警察の形態が整えられている。警察庁長官官房編『警察法解説』も次のように言う。

「長官は都道府県公安委員会をさしおいて、直接に警視総監や警察本部長に指揮命令することはできない。したがって正規の指揮命令は都道府県公安委員会あてになされる。ただ、実際の問題として、警察活動は敏速を要するものであり、(略)指揮命令が執行機関になされることはあっても、指揮命令の本来の対象が都道府県公安委員会であることは変わりはない」

本音と建て前の双方が微妙に顔を覗かせるが、周知のとおり都道府県公安委員会などは〝お飾り〟にすぎず、自治体警察とされている都道府県警察においても、警視総監、各道府県警本部長をはじめとする警視正以上の階級の幹部警察官は国家公務員とされ、主要部門のトップは警察庁採用のキャリア官僚の指定席と化し、警察庁長官は「警察庁の所掌事務について、都道府県警察を指揮監督する」(警察法一六条)こととされている。予算面でも選挙違反、広域犯罪などと同様、公安関係予算は国庫から支出されることになっている。

ヒトとカネ、すなわち人事と枢要な予算の双方の権限を中央が握っている以上、警察庁は事実上、全国の都道府県警察をリモートコントロールすることが可能となる。

権力の上昇構造

キャリア警察官僚が占める各都道府県警本部長あるいは幹部たちは、常に警察庁幹部の顔色を窺っている。そして都道府県警の内部においては、本部長が人事権から予算の執行権まであらゆる決裁の絶対的権力を持ち、各都道府県警の職員もまた、常に本部長の顔色を窺わざるを得ない。結局のところ、警察機構全体が上へ上へと向かう権力の上昇構造から逃れられないシステムを呈しているのである。

警察庁取材が長かった元朝日新聞記者鈴木卓郎はこう記している。

「都内のマンションに住む（警察庁の）某首脳の家には、年末になると全国各地から名産の〝貨物〟が届いて部屋に納まりきれず廊下や玄関に山となり、他の居住者が歩けなくなったことがある。（略）発送人を見たら○○府県警の警備部長とか刑事部長といった役職名ばかりだった」「本部長になって、趣味を明らかにしたら大変である。こんどの本部長は『盆栽が趣味らしい』といえば、署長たちから贈られる盆栽で庭はいっぱいとなる。庭石が好きだとわかれば、庭に石の山が築かれてしまう」（カッコ内筆者注、いずれも『日本警察の解剖』）

都道府県警側の実態は高知県の地方紙「高知新聞」の一九八九年のレポートが詳しい。

「ある署が受付窓口の警察官に名札を付けようとした。市民応接を向上するためである。一応、県警本部に連絡した。ところが『待った』がかかった。名札を付けるのが服務規律に違反しないかどうか──警察庁に〝お伺い〟を立てるためだった。顔は県民よりも警察庁に向いている」（同年六月一〇日付朝刊、連載企画「揺らぐ信頼　岐路に立つ県警」）

公安警察の役割

中央集権的警察組織の中でも、本書のメインテーマとなる公安警察の中央集権制は群を抜いている。

日本の警察組織を大ざっぱに分類すると、機能別に刑事警察、交通警察、防犯警察（生活安全警察）、地域警察、警備警察などに大別される。

公安警察はこのうち、機動隊運営などの警備実施、災害・雑踏警備、警護、警衛（皇族に対する警護）、外事警察などを包含する警備警察の一角に位置し、「国の公安に係る犯罪」に関する情報収集、捜査を行っている。

警察法三七条は、都道府県警の経費のうち、国費によって支弁するものの対象として警視正以上の警察官の給与や警察教養施設の維持管理、警察学校における教育訓練に関する経費に加え、「国の公安に係る犯罪その他特殊の犯罪の捜査に要する経費」を指定している。刑事警察などと異なり、公安警察の活動は現実的にほぼ全てが「国の公安」に包含される。つまり公安警察の活動費は全てを中央が握り、その額は警察庁警備局と各都道府県警警備部長との間の直結回路において決定され、警察庁から直接渡される公安関係予算は当事者以外には知りようもないシステムとなっているのである。

予算面に加え、組織機構でも公安警察の中央集権性は極度に高い。

警察法によって「国の公安に係る警察運営」に関しては国家公安委員会の管理下におかれるとされていることにより、全国の公安警察は事実上、警察庁警備局の直轄下にあり、全国に広がる警察本部、警察署でも公安警察に関しては第一線の公安警察官から警備部長、そして警備局へと一本のラインが引かれ、署長や、時には本部長を通り越して指示、指揮、指導、管理、監督、命令が発せられている。

活動費が国費から支弁されているため予算も自治体の関知外にあり、公安警察の情報は時に本部長の頭越しに中央へと飛ぶ。情報の評価も警察庁警備局が決定し、表彰も警備局の判断によってなされる。そこに〝自治体警察〟が介在する余地はない。中央が一元的に指揮する以上、時には都道府県警察がその管轄外で平然と活動することもある。後に詳述する神奈川県警警備部による共産党国際部長宅盗聴事件が、警視庁管内である東京・町田で実行されたのも、その証左であろう。

警察庁警備局

さて警察庁警備局の組織を簡単に検証することを手始めに、日本の公安警察の巨大な塔へと分け入っていこう。警備局は警備局長を筆頭とし、配下に警備企画課、公安第一課、公安第二課、公安第三課、警備課、外事課の計六課を置いている（次々ページ図参照、以下「第」

を省略)。

なかでも警備企画課は「警備警察に関する制度及び警備警察の運営に関する企画及び調査に関すること」「局の事務の総合調整に関すること」(警察庁組織令)などを行う警備局の筆頭課であり、いわば公安警察の〝中央センター〟である。以下、同等の格付け(実態は違うが)を持って、公安一課から三課、警備課、外事課が存在し、対象団体や機能別にそれぞれが各都道府県警の公安部、警備部を睥睨する体制が取られている。

公安一課は共産党を中心に、労働組合など大衆団体の情報収集を担当する、公安警察における〝花形〟である。最近では課内に特殊組織犯罪対策室と命名されたセクションが配置され、オウム真理教に関係する情報の集約もここで行われている。

公安二課は「極端な国家主義的主張に基づく暴力主義的破壊活動に関する警備情報」(同)を担当する。主として右翼団体に関する公安情報の収集、犯罪の取り締まりを行っているセクションだ。皇室やＶＩＰの警護を行う警衛、警護なども同課の担当とされる。

公安三課は「極左的主張に基づく暴力主義的破壊活動に関する警備情報」(同)や取り締まりを担当。中核派や革マル派など、公安警察内で「極左暴力集団」と呼ばれる新左翼セクトを担当する。

警備課は主に機動隊などの警察部隊活動の配備計画などを統括する。外事課はスパイ事件や海外に本拠を置く日本人のテロ組織動向、朝鮮半島情勢、旧共産圏諸国を対象にした情報収集活動にあたっている。

警視庁・各県警の公安

警察庁警備局が公安警察の〝頭脳〟とするならば、その手足となるのが、強力な中央集権性によって束ねられている全国の都道府県警察の警備部であろう。中でも首都警察である警視庁には全国の警察で唯一「公安部」と名称を冠せられた部門がそびえ立つ。日本の公安警察における実働部隊の中枢であり、公安警察の〝顔〟ともいえる組織だ。

　警察庁の隣、皇居の杜を見下ろすように屹立する地上一八階、地下四階建ての白亜のビルが警視庁本部庁舎である。警視庁公安部の中枢機能は同ビルの一三階から一五階にあり、公安部長の下に公安総務課、公安一課から四課、外事一、二課、公安機動捜査隊、外事特

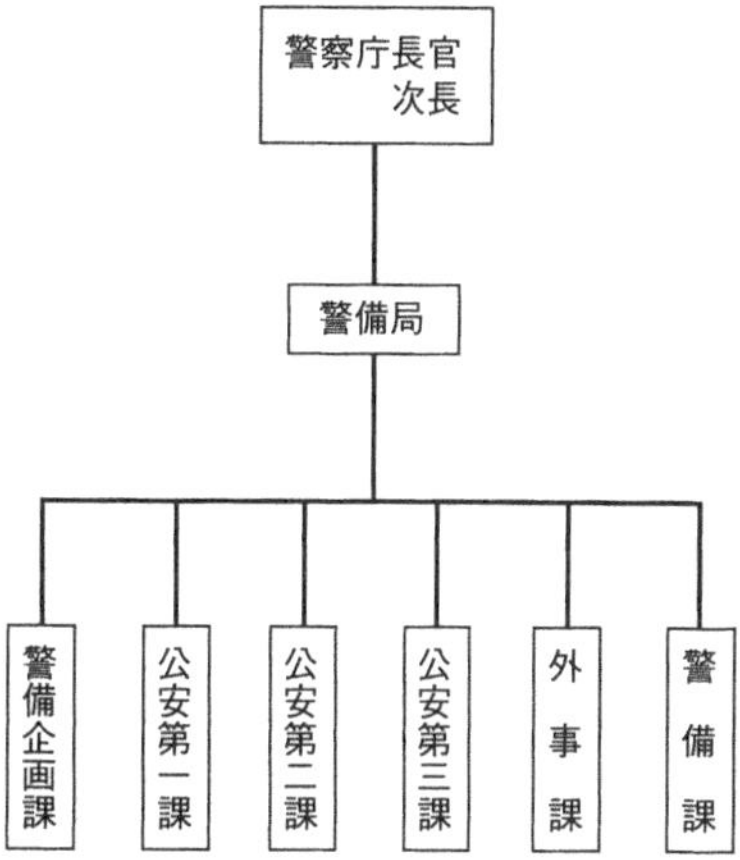

警察庁警備局組織図

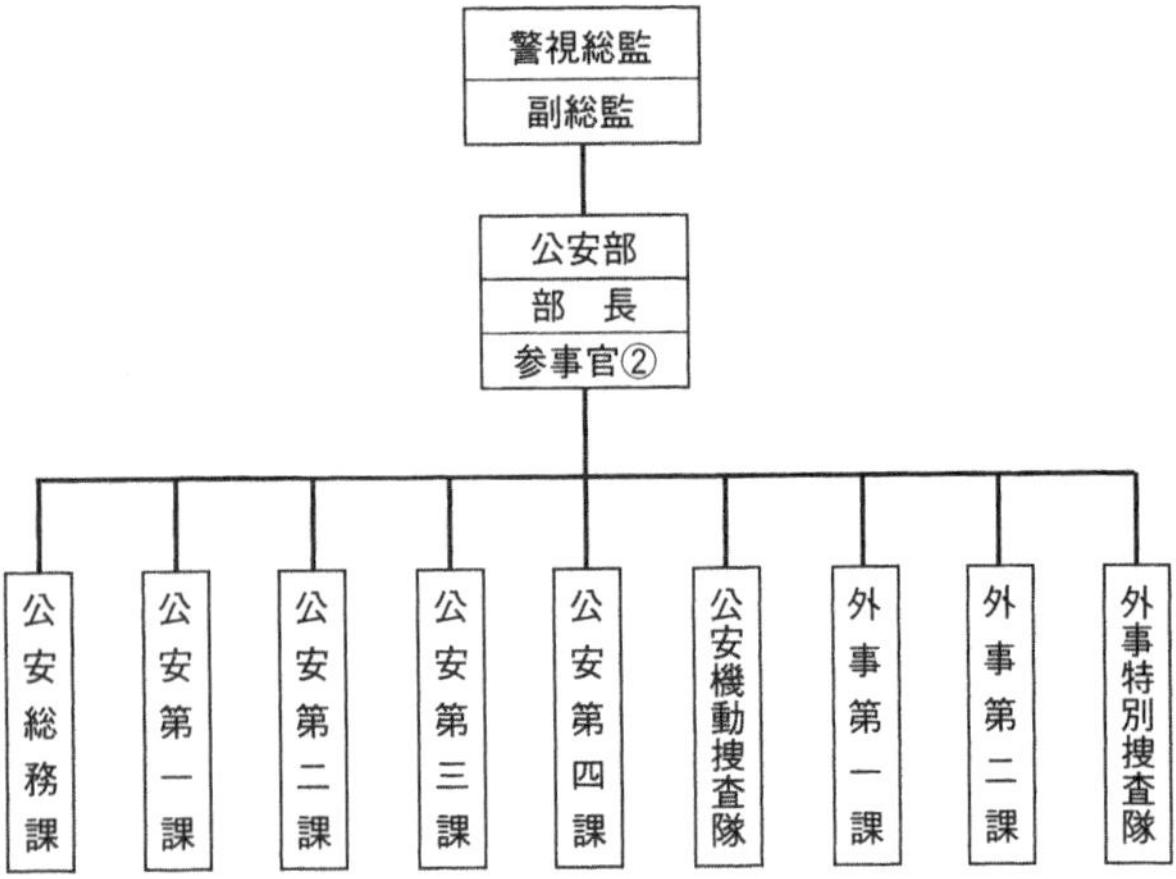

警視庁公安部組織図

捜隊が置かれる体制が取られている(図参照)。

公安部の筆頭課は公安総務課である。同課は共産党などの情報収集活動を行う一方、部内調整や法令解釈まで幅広く行うセクションであり、警察庁警備局との関連で言うならば、警備企画課と公安一課の業務を包括している。公安総務課というどことなく平穏さを漂わせる名称とは裏腹に、日本の公安警察における実働部隊の中枢ともいうべき部門である。

公安一課は、新左翼の各セクト、いわゆる「極左暴力集団」を担当。少々複雑だが、警備局で言うと公安三課と連動することになる。公安二課は革マル派や労働団体を担当。公安三課は右翼団体を対象とする。公安四課は各団体の機関紙誌やビラ、個人データなどの資料を管理するセクションである。

警視庁を除く各道府県警には、機動隊などの運用を行う部門と一体の組織形態となる「警備部」が置かれ、公安警察部門を包括している。その規模によって配下にいくつかの課が置かれ、例えば大阪府警では警備部の下に警備総務課や公安一課から三課、外事課などがあり、山口県警を例に取れば、警備部の下には公安課、外事課などがあるだけだ。

2——資金と人員

ベールに包まれた活動費

既述のとおり、公安警察は「国の公安に係る警察運営」などを理由とし、実質的に国家公安委員会—警察庁の直接管理下に置かれている。各都道府県警の公安警察官は身分上はもちろん地方公務員で給与も地方自治体から支払われているが、活動費は国から支払われている。

その活動費を覆い尽くしているベールはきわめて厚い。「この金は、警察庁から直接各都道府県警備部長ないしは警備課長に渡され、これについては、各地方公安委員会や地方自治体議会はもとより警察本部長にすら一切知らされない仕組みになっている」（日本弁護士連合会編『検証　日本の警察』）というのが実態だ。

一九九八年版『警察白書』によれば、九七年度の警察庁予算は最終補正後の金額で約二五一五億円。うち国費が約一八二六億円、補助金が約六八九億円の内訳になっており、国費のうち人件費、装備や通信、施設費をのぞいた金額が約四七〇億円。ここから公安警察の活動費が支出されているが、その詳細は一切公開されていない。まして、国から支弁された予算が、公安警察内部においてどのように消費されているかについては、全く外部に漏れ伝わることはない。

公安情報の収集という金に換算しにくい活動をしていることも一因であろうし、後の章で詳述するように、公安警察が協力者という名のスパイを養成して報酬や謝礼と引き替えに情報を得たり、時には非合法スレスレの活動を繰り広げたりしている以上、活動の資金源でもある予算を表沙汰にできないのも当然と言えるかもしれない。

ただし、公安予算として国から支弁された金をすべて警備・公安部門で消費するわけではないようだ。一部は各都道府県警の本部会計に組み込まれ、本部会計分からは地域部、交通部などに所属する一般警察官で公安情報収集に功労のあった場合の報奨費などにもあてられるという。

「外勤警察官も警備（公安）の触覚たらしめる」との公安警察の方針にも基づくが、巨大な予算を公安部門だけで消費することに対する他部門の反発を和らげるという配慮もあるようで、公安情報収集に関してはかつて警察内に驚くほど広範な部内報奨制度もあったとの指摘もある。

「不法駐車の車の主が共産党員であれば、違反切符へのサインと印鑑の代わりに押させた指印は、筆跡と指紋を両方入手したとして表彰」「刑事が盗難事件で行った先が共産党員宅であれば、対照指紋が取れるだけでなく家の間取りなども分かり、それも即表彰の対象」

（小林道雄「知られざる警察経理（中）」、「世界」九七年三月号）

流用、ピンハネ

そもそも警察予算は、公安警察に限らず、あらゆる意味で聖域視されており、極度に不透明な膜に覆われている。二重帳簿による不正経理が恒常的に行われているとの証言も数多い。そんな中でも公安警察予算を覆うベールは、さらに厚さと不透明さを増す。特にその情報収集活動の中核をなすのが協力者獲得作業である公安警察においては、存在しない協力者に謝礼と称して金を支払った工作を施して架空経理を繰り広げてもチェックが及ぶことはない。警察組織で警視総監に次ぐ階級（警視監）で退任した松橋忠光は著書『わが罪はつねにわが前にあり』の中で愛知県警警備一課長在籍時のことをこう振り返っている。

「警備公安警察において、（略）庶務係が職員全員の三文印を用意し、正式な手続による旅費・捜査費を除き、すべて計画的に文書を操作（露骨に言えば偽造である）していることは、（略）知っていた。しかし、こうした『二重帳簿式』の経理手続は、カネの使い方に不正がなければ、会計法規が現実の警察活動上の必要性に適応していない以上やむをえないこと、と当時の私は考えていた」

だが、その実態を調べるように命じた松橋は、予算の多くが上司への餞別や課員の「手当」に流用されていた事実に驚愕する。

「警察の本来の活動に使用された経費が三分の一しかなかったのである。（略）私はこの集計表を見て唖然となった」

同様の証言は他にもある。沖縄県警警備部に所属し、一九八四年に退職した元公安警察官、島袋修は著書『封印の公安警察』で、協力者への報酬までが上司にピンハネされている現状を記している。

「スパイ要員との接触費用（工作資金）は、警察庁からその実績（評価）などによって三カ月あるいは六カ月ごとに手渡され、（略）ところが警察庁から支給される必要資金は上司によってほとんどがピンハネされ、われわれ現場の班員に届く頃には雀の涙程度の金額にな

４・１　六一〇〇　㊯へ記念品代　４・１　一〇〇〇〇　松阪警部渡し　４・６　五〇〇〇　㊯謝礼金　４・６　三〇〇〇　長野警部管区学校入学祝い　４・９　七〇〇〇　㊯との懇談会　４・９　三五〇〇　小林警部補餞別　４・９　五〇〇〇　林巡査部長餞別　４・９　二〇〇〇　協力者へ謝礼　４・９　九〇〇　協力者へ謝礼　４・９　五〇〇〇　西川警部渡し　４・９　一〇〇〇　佐々木警部見舞金　４・１２　二二六〇〇　松阪警部渡し　４・１３　八一五〇〇　課員へ分配　４・１４　一〇〇〇〇　出雲署へ捜査費として　４・１４　二〇〇〇　出雲署渡し（表彰金）　４・１６　四六五〇　酒代など（料理店小川）　４・１６　二〇〇〇　渡辺警部へ　４・１９　一五〇〇〇　警部以上捜査費として　４・１９　六六〇〇　四月分表彰金　４・２２　七五〇〇　会食費として　４・２５　二二五〇〇　松阪警部渡し　４・２５　五〇〇〇　会議費　４・２６　九〇〇〇　西川警部へ　４・２６　三八〇〇〇　本部長捜査費として　４・２６　三八〇〇〇　会計課渡し　４・２７　八八二六〇　中国管区内警備会議諸費用　４・２８　三五〇〇　㊯へ謝礼金　４・３０　一二六〇〇　オリンパス一台購入費　４・３０　一四〇〇　㊯との会食費　４・３０　一四五〇　大橋館支払（ビール代等）　４・３０　七一〇〇　㊯との懇談会　４・３０　五一〇〇　㊯との懇談会

島根県警文書のなかの協力者対策費（㊯は協力者の意）

っている。班員は自腹を切らされ、やがてはサラ金地獄に落ちるケースもあった」

稀少ではあるが、過去にはこうした実態を裏付ける文書も流出している。一九五五年の島根県警文書はその代表例であろう（野村平爾ら編『警察黒書』）。

今から三五年も前の資料であり、古さは否めないが、全く漏れ出ることのない公安警察の会計資料という意味できわめて貴重なものだ（表参照）。紹介するのは一九五五年四月分。警視総監の月給ですら五万円程度の時代の話である。協力者への謝礼に加え、部内で予算が流用されている実態が浮かぶ。

硬直化したままの共産党対策

警備・公安警察の予算は、戦後の共産党対

策を起点に、特に六〇年、七〇年安保闘争対策をエポックな軸とし継続して膨張を続けてきた。八〇年代に入ると中核派などの新左翼セクトによるゲリラ事件、内ゲバ事件も膨張を理由づけた。

中でも共産党対策が日本の公安警察における予算の主要な柱になってきたという。

その現状は今もさほど変わらず、公安警察を始めとする日本の治安機関においては旧態依然とした共産党対策を前提としたシステムがマンネリ化、硬直化しながら不正も恒常化し、実体面での予算は膨張を続けてきた。

公安警察ではないが、公安調査庁の内部文書に興味深い資料がある。行政改革官庁と名指しされている公安調査庁が組織改革を断行した際の方針を記した「業務・機構改革問題の概要」（一九九六年二月付）の一部だ。

「今後の公安庁が生き残る道は、日共部門を財源にして他の重要部門に振り分けるとか、入管協力に回すといった形であろう」

同庁に関しては7章で詳しく触れることになるが、文書は治安組織の中で依然として共産党対策が予算獲得の名目になっていることを如実に示している。

公安警察で重視されるのは、あくまでも情報である。情報に基づいて危機をあおり続けさえすれば、予算は無限の膨張を繰り返す。それをチェックすべき機能は存在しない。

公安組織の硬直化を許してきたのは極度の秘密性と、刑事や交通など他の警察部門には存する事件や事故発生件数などの客観的指標の希薄さゆえでもあったろう。

組織人員

警察職員は一九九八年度時点で、警察庁、警視庁、各道府県警警察職員を全て合わせて約二六万三五〇〇人に上っている。このうち、機動隊員も含めた警備専従者が警視庁で一万三〇〇〇人、全警察では五、六万人との推計データもあるが、実際に公安警察部門の職員が何人に上るか、これに関してもやはり近年は公開されておらず、明確な資料はない。

だが、公安警察に膨大な人員が割かれていることは、警視庁の現有勢力を例に取るだけでも一目瞭然だ。手元にある資料によれば、一九九九年現在で警視庁公安部の公安総務課が抱える課員は約三五〇人、公安一課も同規模の約三五〇人、公安二課が約一七〇人。これでもかつてに比べると「激減した」(ある公安部員)といい、公安総務課はピーク時の一九七五年前後に五〇〇人以上。公安一課は中核派がゲリラ活動を活発化させた一九八五年ごろの最大時、六〇〇人もの課員を抱える大所帯だった。警視庁であれば、これに一〇〇署を超える所轄警察署所属の公安警察官が直轄部隊として加わる。

一方、殺人、強盗など凶悪犯罪の捜査にあたっている刑事部の捜査一課は約三〇〇人弱。

オウム真理教事件など凶悪事件の続発によって、増加してきた結果の数字であるということを考えれば、公安警察にいかに大量の人員が割かれてきたかを推察するのは容易だ。

3——公安警察と刑事警察

刑事警察との違い

公安警察と刑事警察は、同じ警察組織の中に存在する部門でありながら、その活動内容、手法において全く性質を異にした組織である。

端的に言えば、公安警察とは情報警察である。もちろん事件が発生すれば刑事警察と同様、犯人の検挙に向けて捜査活動を繰り広げる。例えば刑事警察が殺人事件の捜査に着手すれば、捜査員は現場で証拠を収集し、周辺を聞き込み徐々に証拠を積み重ね、犯行動機を洗い出して被疑者に辿り着く。容疑が固まれば逮捕し、被疑者を取り調べる。

被疑者との駆け引きの中で自供を引き出し、余罪がなければ事件は全面解決、捜査は終結する。

公安警察においても、事件が発生すれば基本的に同様の作業は行われる。だが、事件自体の質と公安警察が内包する性質により、その手法は根本的に異なる。爆弾事件を例に取れば、爆弾の残留物から類推される構造から犯行団体を推し量るのは公安警察にとってごく初歩的な捜査の常道であるし、標的となった対象人物・場所などからも団体を推測しうる。多くの場合、犯行団体側から「犯行声明」すら発せられる。つまり犯人は最初からおおよそで「分かっている」のである。言葉を換えれば、公安警察にとっては日常の情報収集活動によって、犯行直後に団体を特定できないようでは話にならない。

犯行声明も発せられず、突然出現したグループが引き起こした初出の事件であったとしても、ある思想性に基づいた犯行であるならば、縦横無尽に張り巡らせた情報網によって容疑適格者に網をかぶせ、尾行・監視などの手法によって徐々に絞り込んで被疑者に迫っていく。公安警察の捜査手法とは、いわば完全な〝見込み捜査〟である。

さらに言えば、公安警察の捜査において被疑者の逮捕はもちろん大きな目標ではあるが、逮捕によって事件が終結するわけではない。対象団体の動向と組織実態の解明が何よりも優先される公安警察にとって、逮捕は所詮、その一過程、単なる通過点にすぎない。

別件逮捕、転び公妨

両者の姿勢の違いが典型的に現れるのが、警察にとって最高度の権力行使である「逮捕」に対する認識の違いであろう。

例えば「別件逮捕」は刑事、公安警察双方が使う手法である。その是非は論じないが、刑事警察では多くの場合、別件逮捕はあくまでも本件へ至る端緒を引き出すための非常手段であるのに対し、公安警察におけるそれは、対象団体組織に対する情報収集活動の一環としての色彩が濃く、時には対象組織に対しダメージを与えることに重きが置かれる傾向が強い。それゆえに本件とは何ら関係のない完全な別件、あるいはきわめて微罪による逮捕や家宅捜索が日常的に行われ、それに対するためらいはない。

公安警察内で「転び公妨」と呼ばれる手法がある。複数の公安警察官が対象人物を取り囲み、職務質問なり所持品検査なりを強行し、相手が抵抗して取り囲んだ公安警察官に触れたり、押しのけようとしたら直ちに公務執行妨害。時には公安警察官が対象人物の前で勝手に転び、公務執行妨害という〝虚像〟を演出することすらある。「転び公妨」と呼称されるゆえんだ。公安警察にとっては、身柄確保が最優先の場合の〝伝家の宝刀〟であり、幹部の中には「転び公妨の名手」などという冗談とも本気ともつかない評価を与えられている人物すら存在する。

日本国内に潜入していた日本赤軍メンバー、丸岡修が東京・箱崎の東京シティエアターミナル（TCAT）で逮捕されたのは一九八七年一一月。直接の逮捕容疑は公務執行妨害だったが、典型的な「転び公妨」だった。丸岡はこんな手記を寄せている。

「一一月二〇日の夜一〇時頃にTCATに着いたのであるが、その一階で二人の公安刑事に呼び止められ『荷物を見せてほしい』とされ、それに応じた。（略）荷物を片づけ終わる頃に『押しただろう。公務執行妨害だ』と一人がわめいたが、『何もしていないじゃないですか』というと黙った。もう一人が他の者に合図して呼び、デカが三人になったところで、一人が勝手に後ろに三歩ほど下がってヨロヨロとしゃがむふりをして『公務執行妨害だ！』。それで『現行犯逮捕』の一丁上がりという次第」

オウム真理教事件の際も、刑事警察と公安警察の違いが先鋭的に現れた。後の章で詳しく述べるが、オウム捜査における警察組織全体の情景を俯瞰すると、刑事部門には逮捕した被疑者の取り調べによって地下鉄サリン、坂本弁護士事件など主要事件の解決を目指す仕事が割り振られ、公安警察にはこれと対照的に、逃亡信者の身柄確保と教団組織の解明が任務として与えられた。それぞれが得意とする分野を割り振られた形だった。現実に、刑事警察が本件での逮捕を頑なに目指したのに対し、公安警察はありとあらゆる法令を駆使して信者を片っ端から拘束する作業に邁進した。

警視庁が教団への強制捜査に着手した後、教祖麻原彰晃の居所が不明だった時期のこと。警視庁刑事部が地下鉄サリン事件を容疑とした教祖逮捕に全力を尽くしていたのに対し、公安部幹部はこう断言した。公安警察の特性がきわめて率直に露わになった一言だった。

「容疑なんか何でもいい。とにかく見つけたら公妨でも何でもいいからパクればいいんだ」

幹部の特権

「事実を自分で正確につかんでホシと闘うこと」

警視庁捜査一課で名刑事と謳われた平塚八兵衛の捜査哲学が、刑事警察の本質をかなり正確に言い当てている。近年は捜査手法の組織化、システム化の波が押し寄せているとはいえ、刑事警察における個々の捜査員は一匹狼的な一種の個人事業主といった色彩が濃い。

これに対して公安警察の捜査員は良くも悪くも完全な「コマ」である。「コマ」のひとつひとつが孤独な、しかし職人的とも言える作業によって情報をかき集める。その情報は上層部に行くほど全体像を描き出し、一枚の映像となって立ち現れる。

警視庁公安部の幹部が言ったセリフで忘れられない一言がある。

「情報をシャワーのように浴びること。シャワーのように浴びた上で判断し、決断を下すこと。それが公安警察における幹部の在り方だ」

この幹部の一言には、後に続くべきセリフが抜け落ちている。情報をシャワーのように浴びるのは幹部に限られるのである。第一線の公安警察官はパズルの断片にも似た情報の収集に邁進し、そのパズルが像の全体の中でどこに位置するのかを知ることは少ない。画像の完成型を頭に描こうとし、実際に描くことができるのは、ごく一部の幹部だけである。第一線の公安警察官は隣の同僚が何を目的とし、どのようなパズルの断片の収集に取り組んでいるのか、原則的には知り得ない。

刑事警察との不仲

警察幹部がいかに言い繕おうと、いかに声高に警察組織の一体性を主張しようと、公安警察と刑事警察は現実的に水と油であり、その確執は根が深い。警察を取材すると、公安、刑事双方の現場捜査員から、時に激烈に、時にはソフトな口調ながら、互いの存在に対する誹謗めいたセリフを耳にする。

公安警察側は刑事警察を評してこう言う。

「一つの事件を挙げたら背後関係も調べずに捜査を終結させるんだから底が浅い」「尾行にしたって相手はシロウト。楽なものだ」

対する刑事警察側の反論はこうだ。

「金と人を大量に注ぎ込んで事件の解決もできず、役立たずで時代遅れの情報ばかりかき集めている」「ホシを落としたこともない。取り調べの一つすら満足にできない」

有名な言葉がある。

「泥棒を捕まえなくても国は滅びないが、左翼をのさばらせれば国が滅ぶ」

警視庁捜査一課などで刑事として長く勤務した鍬本實敏は著書『警視庁刑事』の中で、公安警察についてこう語っている。「刑事部と違って、(略)泥棒なんて単なる物と物の移動に過ぎない、一人や二人殺したからって、そんなものがなんだ、おれたちは国家を背負っているんだ、とそんな意識でしょう。刑事なんか馬鹿だと思っている」

また元警察官僚で刑事部門を長く指揮した鈴木達也は、ノンフィクション作家の小林道雄のインタビューに対して「(警備公安警察は)モンロー主義、秘密主義、事大主義で、自分たちの情報は同じ警察の仲間にだって絶対に出さない」と述べた。また著書の中では一九六〇年代初頭、福岡県警捜査二課で捜査していた選挙違反事件に政治の圧力が掛けられて中断したことを嘆き、こう記している。

「すでに刑事警察は沈滞期に入っていた。治安に直接かかわる警備公安警察にウェイトがかかり、人も予算も組織も警備公安警察が中心になっていた。強盗や殺人犯人の一人や二人、検挙されなくったって治安に影響はない。まして、選挙違反や汚職に目の色を変え、金と組織を割くなどということは愚かなこと。そんな考え方が警察の中に充満しつつあった」（『山口組壊滅せず』）

「公安偏重」は終わるか

日本警察の中でも、公安部門はエリートとされてきた。実際、第一線の公安警察官は〝治安の守護者〟としての強烈な意識を持つ。組織内でも徹底的に選民意識を叩き込まれる。時には警察組織全体が自分たちのために存在すると考えるほどである。公安部門がエリートコースであるのは警察組織のトップ、警察庁長官の経歴を振り返るだけでも裏付けられる。

第一七代長官の関口祐弘までのうち、警備局長からトップの座に進んだのは長官経験者の約半数にあたる八人。警備局長は経験していなくとも「警備・公安畑出身」と認定されている人物を含めると一〇人を軽く超える。なかでも一九六九年八月、第六代長官に後藤田正晴が就任して以降、八八年一月までの任期で第一二代長官を務めた山田英雄までの間は、一代を除き約二〇年間もの間、警備局長出身者が連続して警察庁長官に就任している。

一方、刑事局長から長官に就任したのはわずか三人。なかにはオウム事件最中に銃撃された国松孝次も含まれているが、国松は公安警察のもう一つの顔とも言える警視庁公安部長の経験者であり、評価は「刑事・公安をバランスよく経験した長官」。つまり刑事警察を主流に歩んで長官に至るのはきわめて困難だったのに対し、公安警察が組織の中枢を占めるという状況が長年にわたって続いてきた。

多く指摘される点でもあるが、改善が叫ばれて久しい刑事警察の弱体化も、公安警察が六〇年、七〇年安保闘争などを契機として極度に肥大化してきたことと無縁ではない。公安警察偏重の雰囲気の中で刑事警察を軽視したことがグリコ・森永事件など重要犯罪の未解決につながっているとの指摘も多くなされ、結局はオウム真理教による犯行だった坂本堤弁護士事件が長期間、未解決だった背景に、坂本弁護士が神奈川県警による盗聴事件を追及する弁護士も在籍していた弁護士事務所に所属していたことと関連づける声があり、全く無関係とは言えないのも事実であろう。

しかし、最近は警察内の公安偏重の雰囲気に微弱ながら多少変化が現れてきたようだ。東西冷戦が終結し、かつて脅威とされた共産圏諸国はほとんどが姿を消した。日本国内における左翼勢力の力も減退した。最近、ある公安警察幹部が「もう俺たちがエリートだなんていう時代は終わりだよ」と投げやりにつぶやいた。別の幹部は「天下りの就職先を考えたら、公安より防犯（生活安全）、交通部門に行きたい」と冗談めかしながらも漏らした。

この流れが定着していくのだろうか——。実証されるには、さらに時間が必要だろう。

2―特高から公安へ

(上)血のメーデー事件(1952年 5 月 1 日)
(下)東大ポポロ事件(1952年 2 月20日)

1――特高警察の解体と警察民主化

特高警察の猛威

一九四五年八月一五日、日本は焦土の中で敗戦を迎えた。この敗戦は、日本国内におい
て長きにわたって続いていた苛烈な思想統制とその弾圧の終結をも意味した。

戦前、戦中における国内での思想統制と弾圧は、一九二五年に成立した名高き悪法「治安維持法」に代表される数々の治安法と、それらの成立と相前後して肥大・強化されていった特高警察などによってなされた。

一九一一年八月、警視庁が警視総監官房高等課から特別高等課(特高係・検閲係)を分離したことに源を発する特高警察は、続く翌一九一二年の大阪府に始まり、一九二八年七月に全国的に特高課が設置されたことで日本国中に網を広げ、思想取り締まりのための政治警察として予防検束、拷問を繰り返して猛威をふるった。警視庁を例に取れば特高課員は最盛期で七五〇人以上を数え、全国の特高課は各県知事の命を受ける県警察部長の指揮下にあったにもかかわらず、現実には内務省警保局保安課長の直轄下に置かれて暗躍した。

治安維持法の成立から敗戦を迎えるまでの約二〇年間、日本においては思想、言論、集

会、結社、市民生活などありとあらゆる自由が統制下におかれ続けた。これを理由づけたのは「戦争遂行」という〝大義〟であり、この〝大義〟を名目として監視、管理、抑圧が正当化されたのである。

「公安課」の誕生

しかし、敗戦によって、すべてではないにせよ、抑圧の機能は不全状態に陥った。連合国軍総司令部（GHQ）は一九四五年九月二二日、秘密警察組織を解消するなどとした「降伏後における米国の初期対日方針」を示して日本に戦時体制の転換を要求。続いて同年一〇月四日、「人権指令」（政治的・市民的及び宗教的自由制限の撤廃に関する覚書）を発して以下の即時実行を求めた。

（1）治安維持法などの治安法規を廃止すること
（2）政治犯、思想犯を即時釈放すること
（3）一切の秘密警察機関、検閲などを営む関係機関を廃止すること
（4）内務大臣、警保局長、警視総監、特高警察官を罷免すること

この指令によって、特高警察の総元締めだった内務省警保局長ら計約五〇〇〇人の内務官僚や特高関係者が追放され、投獄されていた約三〇〇〇人の政治・思想犯が釈放された。この時点で、特高警察が有していた行政警察・予防警察としての強大な機能は、そのほとんどが失われたのである。

とはいえ、管理と統制に慣れきっていた政府が、失った拠点を直ちに取り戻そうとするのも当然であった。敗戦直後から内務省は治安警察組織の増強を図り続け、占領下にあってさえ「特高警察は秘密警察、政治警察ではない」「法を忠実に執行していただけ」とその正当性を主張する声も絶えることがなかった。

解体されたばかりの特高警察に代わって、内務省警保局内に「公安課」が新設されたのは一九四五年一二月一九日のことである。これが本書のメインテーマとなる現在の公安警察の源流であり、組織に「公安」という単語を冠した治安警察組織が出現した瞬間だった。「人権指令」からわずか二ヵ月しか過ぎていない時点の出来事だった。

一方、「人権指令」によって、日本政府に民主化を指示したGHQ内部にも、早い段階から民政局(GS)と参謀二部(G2)の内部対立という矛盾を抱えていた。中でも配下にCIC(陸軍諜報部隊)を置き、情報・保安・占領地行政などを司っていたG2では罷免、あるいは追放された元特高関係者を雇って日本国内の情報収集や謀略活動に利用した。内務省OBらがまとめた『内務省史』にも「秘密警察として追放された日本の特高警察を密かに利用したのも参謀部第二部であった」と記され、旧日本軍の情報将校も同様に利用されたとみられている。G2は警視庁にGS幹部を尾行させてスキャンダル探しを狙ったこともあったと言われ、こうした人脈は後に、公安警察はもちろん、内閣調査室、公安調査庁へと連なっていく。

とはいえ、日本の戦時体制解消という目的に向かっていたGHQ内の対立は激しく表面化することはなく、とりあえずは一九四七年、内務省は解体を迎えることになる。それは日本の戦前警察組織にとっては決定的な転換点だったのである。

〝治安のシンボル〟を温存

さて、時計の針を内務省解体へと進めていく前に、「人権指令」からわずか二ヵ月後に内務省警保局内で産声を上げた「公安課」を中心とする治安組織の実態とその背景についても触れておこう。

当時の日本国内では、敗戦後の食糧不足などを背景にした食糧要求運動や生産管理運動が頻発していた。政府・治安当局はこうした事態に対応することを名目とし、一九四六年七月、GHQから警備情報収集の承認を受けた。

同時に、手足となる機構上の強化も図られた。一九四六年八月一日、警保局内に新設されていた公安課が、社会運動取り締まり強化を目的として公安一課と公安二課に分離。間もなく情報収集強化のために大増員が図られ、これらに歩調を合わせる形で各警察署に公安係、各県にも公安課が整備されていくのである。

また一九四五年九月には内務省に調査部が設置されている。四六年八月に局に格上げされた同部は、内務省解体後に総理庁に移管。四八年二月に法務庁特別審査局となり、破防法制定とともに現在の公安調査庁となる。

既述のとおりGHQは極端に中央集権化された日本の戦前型警察機構の解体を指示していた。だが日本政府・内務省は中央集権的警察組織に強く固執した。

一九四六年九月二一日に内務省警保局が作成した「警察制度改革案」がそれをよく表している（広中俊雄『警備公安警察の研究』）。同案はこう記した。

「警察の作用には個人のためにその生命、財産を保護するという自警的サービス的なものと、国家意志たる法令の執行を強制して治安を確保し、国家の統一を保持するという権威的なものと二つの作用がある。（略）殊に軍隊のない後の日本においては、この権威的な治安確保の作用は警察のみにおいて担当せねばならぬ」

内務官僚を始めとする当時の日本政府に、内務省の解体や中央集権的警察機構を解体する意志など全くなかった。内務官僚たちにとって、中央集権的な警察組織は〝治安〟のためのシンボルであり、自らの力と権益の源泉でもあったからだった。

GHQの警察観

日本政府は一九四七年二月二八日、警察制度改革案を初めてGHQに対して提出する。参謀二部と連絡を取りながら作成したとの見方もある案で、一部に分権的要素を取り込んだものの、内務大臣に道府県警察の監督権や幹部の任免権を付与するなど中央集権的組織を温存する意図が色濃く、GHQ側は強い不満を表明。同年四月三〇日、GHQ民政局長名で覚書が出され、内務省は解体への道を余儀なくされることになる。

だが内務省側の反発も強かった。同年七月三一日に警保局企画課が作成した「警察の地方分権に関する考察」はこう記している（前出『警備公安警察の研究』）。

「凡そ如何なる政治形態の民主主義的国家においても、それが国家として成立する以上、国家の意思を執行する権力機関を持たぬ国家はない。軍隊及び国家警察がそれである」

自らの権益と権力的発想によって描く〝理想的な治安像〟を守るのに必死だった内務省は、特高関係者の罷免緩和をもGHQに求め続けた。

一方、四七年六月に発足した片山哲内閣は警察を国家警察と自治体警察の二本立てとする一歩進んだ民主化案を作成する。この案すら内務省には不満が渦巻き、当時警保局公安二課長だった原文兵衛（のち警視総監）が「憤慨し、内務大臣室に押しかけて（略）警察分断反対を訴えた」（『元警視総監の体験的昭和史』）と振り返るほどだったが、九月に入ると片山は直ちにマッカーサーに裁定を求めた。

GHQ内部に民政局（GS）と参謀二部（G2）という対立構造があったことはすでに記した。この間、参謀二部は日本案に理解を示し続けたと伝えられるが、民政局は強く反対した。マッカーサーは最終的に民政局の意見を採用し、九月一六日、片山哲宛に書簡を発し、さらに強力な警察の地方分権を命じた。

GHQの姿勢が完全に民主的な姿勢で貫かれていたなどと述べるつもりは毛頭ない。だが少なくとも、書簡にしたためられた警察観は戦前の日本を覆っていた警察制度の悪弊を完全に喝破したばかりでなく、今も通用しうる民主的警察の在り様を提示した。

「高度の中央集権化された警察官僚制を設置し、これを維持することは、（略）近代全体主義的独裁制の顕著な特徴である。戦前一〇ケ年間における日本の軍閥の最も強大なる武器は、中央政府が、都道府県庁も含めて行使した思想警察及び憲兵隊に対する絶対的権力である。これ等の手段を通じて、軍は政治的スパイ網を張り、言論集会の自由更に思想の自由まで弾圧し、非道な圧制に依って個人の尊厳を堕落させるに至ったのである。日本は斯くて全く警察国家であった。（略）中央集権的統制に不可分に付随する警察国家的可能性は最も注意して避けなければならない」

占領軍という絶対権力者の命を受けた日本政府は、この書簡に沿って警察法作成、内務省解体を進めることを余儀なくされた。

四七年警察法

新たな警察法は一九四七年一一月一〇日に国会に提出され、同年一二月一七日に公布、翌四八年三月七日に施行された。続いて同年一二月三一日、内務省もついに解体されるのである。「揺りかごから墓場まで」を制すると称された内務省の解体によって、戦後日本における警察制度の民主化は終了した。

四七年警察法の特徴は、戦前型の中央集権的な警察組織を完全に否定したということに尽きた。国家警察的組織としては国家地方警察が置かれたが、市及び人口五〇〇〇人以上の町村には市町村警察を設置する権限を与え、東京の特別区警察として警視庁を設置した。だが「市町村警察は、国家地方警察の運営管理または行政管理に服することはない」（五四条）とされ、その運営は完全に国から分離し、市町村公安委員会の管理下に置かれた、きわめて徹底した「地方分権的警察像」を示したものだった。

もちろん、この警察法に日本の国情に合致しない不備な点があったのも事実であろう。だが、「権威的治安確保のための警察機構」を願う政府と警察官僚がおとなしく四七年警察法の精神に沿った警察民主化に邁進するはずもなかった。施行後、わずか一ヵ月しか時を経ていない一九四八年四月二七日、片山内閣を引き継いだ首相芦田均はこう発言した。
「自治警察と国家警察の二本立ての結果が、治安維持の上で欠陥があることが現実となって現れた」
当時の警察官僚たちの発想も同様だった。
「日本のような民度の低い国で、市町村にまで警察権を委譲して、(略)果たして治安が保てるかどうか」(石井栄三、のちの警察庁長官、『日本戦後警察史』より)
「要するに、日本を弱くしようという大方針だった。(略)こんな制度は長続きしない、いずれは元に戻るだろうからこんなものに力を入れるべきでないということを、半ば公然と言った」(新井裕、のちの警察庁長官、同前)
政府は自治体警察弱体化の策として〝兵糧攻め〟を選ぶ。
当時、自治体は甚だしい歳入不足に苦しんでいた。インフレによって人件費はかさみ、焼け跡復興で土木費などの出費も強いられた。そんな中で政府は「市町村警察に関する費用は地方自治財政が確立するまで国庫、都道府県が支弁する」と定められていた四七年警察法の規定を反古にし、間もなく負担金は打ち切られ、当該地方公共団体の負担とされてしまったのである。

各地で労働争議が頻発していたことも事態を後押しした。政府内で新警察制度の不備を指摘する声が高まるのと時を同じくし、経費面で圧迫を受け始めていた自治体側からは「経費不足から警察後援会のボスが警察運営に影響を与えている」との訴えが出始め、財政が整っていない弱小の自治体からは警察返上の希望が続出した。

政府は機を見逃さなかった。一九四九年一月、第二四回総選挙で民主自由党が過半数を獲得すると、吉田茂は第三次の組閣によって基盤を固め、治安体制の整備に乗り出す。

このころ朝鮮半島では朝鮮民主主義人民共和国の樹立が宣言され、中国大陸では毛沢東率いる人民解放軍の進撃が続き、新中国の誕生が目前に近づいていた。

日本においても民自党が過半数を占めた四九年一月の総選挙では、反面で共産党が四議席から一挙に三五議席を獲得する躍進ぶりを見せていた。日本を反共の砦にしようと思考し始めたGHQの占領政策の転換が、中央集権的警察組織を欲する日本の為政者たちの思惑と一致を見せるようになる。

2――本格化した情報活動

GHQの政策転換

一九四九年は、いわゆる公安事件が続発した年だった。下山事件(七月五日)、三鷹事件(七月一五日)、松川事件(八月一七日)……。いずれをとっても謀略の色が濃く、現在は重要文化財に指定されている東京・本郷の岩崎邸に事務所があったG2直属の秘密工作機関「キャノン機関」が実行に関わったと指摘されるなど、今も多くが謎に包まれている事件ばかりだ。しかし続発した公安事件は警察法改正に向けた機運を確実に盛り上げた。五月にはGHQ内リベラル派の代表格だったGSの次長ケーディスが退官、GSの影響力が低下する。七月四日には、マッカーサーが共産主義非難の声明を発表し、共産党の非合法化を示唆したことも追い風になった。

だが、盛り上がる警察法改正の機運にブレーキをかけたのもまた、マッカーサーだった。同年九月二日、マッカーサーは声明でこう告げた。

「(警察)権力はいかなる支配的な党派の手にあるものでもなく、国民の手に握られたもの。(略)現在の機構と人員を持った警察制度では、当たり前の法律や秩序を維持することすらできないというような危険はあり得ない」

この声明によって、警察法改正の動きはひとまず沈静化した。

マッカーサーがついに共産党中央委員らの公職追放を指令したのは翌一九五〇年の六月六日のことである。同月二五日に朝鮮戦争が勃発すると、GHQの占領政策は急ピッチで右転回する。共産党機関紙「アカハタ」の無期限発行停止を指令したのが七月一八日。これに先立つ七月八日には警察予備隊創設が指令され、翌八月にはレッドパージが本格化した。

東大ポポロ事件

GHQから情報活動のお墨付きを得ていた公安警察は、このころからきわめて広範なレベルでの情報活動を展開し始めていた。

組織面をみると、警視庁では四七年警察法施行後、警備交通部などの下に警備課が置かれていたが、その情報活動は、組織体系から類推される以上に幅と深度を増していた。

「東大ポポロ事件」に対する東京地裁判決（一九五四年五月一一日）は、それを明確に示す。

一九五二年二月二〇日、東大劇団ポポロ座が主催した演劇会場に入り込んでいた警視庁本富士署の公安警察官と学生がもみ合いになり、学生側が警官に暴行をはたらいたとされる事件判決はこう述べられた。

「（本富士署の公安警察官らは）少くとも昭和二十五（一九五〇）年七月末以降、その管内にある東京大学の構内において、警備情報収集のための警察活動を続けてきたものであつて、その警察活動たるや、私服の警備係員数名が殆んど連日の如く大学構内に立入つて、張込、尾行、密行、盗聴等の方法によつて学内の情勢を視察し、学生、教職員の思想動向や背後関係の調査を為し、学内諸団体並びに団体役員の動向、学内集合の模様、状況等について常時広凡、刻明な査察と監視を続けて来た」

後に触れる公安警察の活動実態とすり合わせることによってより鮮明になるが、その情報収集の手法はこのころ、実体面においては完成に近づきつつあった。

例えば、内務省公安課に端を発する公安警察組織は、既に国警本部を拠点として国警・自警を問わず全国の公安警察官を集めて統一的な教育を施していた。警察の地方分権をうたった四七年警察法下でそれを理由づけたのは国警本部に付与された「警察教養施設の管理権」だった。公安警察の中央集権化は着実に進行していた。

警察法改正

朝鮮戦争勃発の翌年、一九五一年の元日付「朝日新聞」は一面で警察法改正案を報じた。わずかな期間とはいえ一時は沈静化していた警察法改正の動きが、再び表面化しはじめていた。記事は国家地方警察の定員増、さらに人口五〇〇〇人以上の市町村に設置されていた自治体警察の設置基準人口を五万人以上まで引き上げ、廃止によって生じた余剰自治警職員を国家地方警察に編入する改正案が進行中であることなどを伝えた。

改正案は若干の修正を経て一九五一年五月一一日、国会に提出され、「(四七年)警察法の欠陥は財政措置の不備によるもの」「自治体警察を育てるべきだ」との声を振り切って同年六月四日、成立した。

この改正によって国家地方警察は人員、機能ともに強化され、市町村警察については住民投票によって返上の途が開かれたことで、一〇〇〇を超す町村が自治体警察を廃止した。政府が望む中央集権的警察組織確立へ向け、徐々に足場は築かれていった。

一九五一年から五二年にかけては、間近に迫った「講和後」に向けた治安体制の整備が急ピッチで進められた。その急先鋒が時の法務総裁である大橋武夫だった。

五一年九月一六日。群馬県内で会見した大橋は、記者団に向かって治安法規制定の目標について驚くべき発言をしている。

「現在の治安取り締まりはほとんどポツダム政令によっているが、これを講和後は法律化していかねばならない。このため公安保障法、ゼネスト禁止、集会デモ取り締まり、プレスコード(新聞綱領)の立法のほか防諜法案を、できれば批准国会に提出したい」

このころ水面下では公職追放の解除が始まり、対をなすように共産党員の追放と幹部の検挙が着実に進行していた。A級戦犯として公職追放されていた岸信介らが追放解除されたのは、一九五一年八月六日のことだった。

大橋の言葉どおり、「講和後」を睨んだ治安法規の目玉の一つが、後に破壊活動防止法として成立することになる団体規制法だった。

水面下での検討を経て最初に登場したのが、一九五一年五月末に明らかになった「公安保障法案」である。占領下の団体規制を担った団規令などを引き継ぎつつ、団体への強制調査権や緊急拘束権までも規定し、集会や印刷物の発行禁止まで可能とする強力な治安法規だった。政府は世論動向を図りつつ修正を続け、同年九月末に明らかになる「団体等規正法案」に歩を進めた。

ここで個別法案の詳細までは踏み込まないが、次の新聞記事がその本質を喝破している。

「『団体等規正法案』の内容を一読するに及んで、かねて『国家公安保障法案』の名前で伝えられていた講和後の政府の治安立法の動向を察知することができた。（略）『治安』の名においてこのように広範な立法を行うこと自体が、憲法で保障された日本国民の基本的人権、集会結社、言論出版その他一切の自由権をいちじるしく制約し、かつ侵害する恐れがある」（一九五一年九月三〇日付「朝日新聞」社説）

法案は一部修正を加えられて一九五一年一〇月三一日、法務府最終案として、時の与党・自由党に提示された。だが、法務府の権限拡大に対する旧内務省、警察官僚の反発も強く、自由党内からさえ異論が噴出するなど折衝が折り合わないまま国会提出は見送られた。

破防法登場

一九五一年九月四日、サンフランシスコでは、世界五二ヵ国の代表団が参加し、日本が占領下から独立国として国際社会に復帰するための講和会議が開かれていた。四日後の九月八日、ソ連、チェコ、ポーランドを除く四九ヵ国が条約に調印。翌五二年四月二八日をもって講和条約が発効し、日本が占領体制下から脱することとなった。

政府は講和後の治安体制確立を急ぐ必要に迫られていた。深く沈殿していた法案は一九五二年二月二九日、「毎日新聞」のスクープによって再び浮上する。

「特別保安法案成る」「団体等規正令を一新」との見出しの下に掲げられた記事は「団体等規正法案」以来、一二次にわたる修正検討の末、「特別保安法案」を作成したことを伝え、法案の詳細な中身まで踏み込んで報じた。

現在の破壊活動防止法(破防法)とほぼ同体系の構成から成る法案がついに出現したのである。政府は同法案を土台として三月二七日、破防法案を正式発表し、四月一七日、公安調査庁設置法案などとともに衆院に提出した。

破防法が国会に提出された直後の五月一日。明治神宮外苑広場で開かれた中央メーデーの集会は昼過ぎからデモ行進に入っていた。このうち本隊から離れた約二〇〇〇人のデモ隊が「皇居前の『人民広場』使用を吉田政権が禁止したことに抗議する」として午後三時ごろ、解散地点の日比谷公園から隊列をとかないまま皇居前広場へ入り二重橋に到達。その後無数のデモ隊が続々と続き、広場は約六〇〇〇人の人の波で埋めつくされ、鎮圧に乗り出した五〇〇〇人の警官隊と大乱闘になった。

警官隊は催涙ガスのほか、ピストルも発砲、乱闘は深夜まで続き、二人が死亡、二三〇〇人が負傷する流血の惨事となった。

この血のメーデー事件に対しては東京で初の騒擾《そうじょう》罪が適用され、警視総監の田中榮一は「計画者、扇動者まで徹底的にやる」と言明。これを契機に破防法制定に向けた政府・与党内の気運は一気に高まる。当時の報道である。

「メーデーの騒乱事件で一時は驚いた政府と自由党は却って治安強化の絶好のチャンスではないかと考え出している。中には手放しの喜び方をかくそうとする〝知性派〟もないではないのだが、党内の大勢はこの機会を逃すなという逆攻勢にみちており『わざわざメーデーを催して頼んでくるのだから』と得意さを誇示しているものもある」（「朝日新聞」一九五

二年五月一一日付朝刊）

だが、相変わらず世論の大勢は破防法に否定的だった。例えば五月二六、二七日に開かれた参院法務委員会の公聴会では、二〇人の公述人のうち、原案に賛意を表したのはわずか五人。修正論すら二名に過ぎず、一三人が原案反対の立場を明確にした。しかし破防法は若干の修正が加えられたのみで、ここでもまた世論の大きな反対を押し切り、与党の国会対策が功を奏した形で七月四日、可決、成立したのである。

「新特高の中核」警備二部

さて、徐々に完成をみつつあった治安立法の背後で、その実働部隊となる公安警察の機構強化も着実に進められていた。

それが端的に表れたのが一九五二年四月一五日に実施された警視庁の機構改革である。警視庁は同日、警ら部に代わり、警備一部、警備二部を新設。警備一部は警備課と警衛課を置き、主に警備実施を担当。警備二部は配下に公安一課から三課までを置き、左右両翼、及び外事事案の取り締まりにあたった。

わけても警備二部は当時のマスコミも「新特高の中核」とまで指摘するほどの組織だった。現在の警視庁公安部の原型にもなった部門で、一時は「公安部」の名称が冠されることを検討したとも言われる。配下の公安一課には庶務係のほか三つの係が置かれ、一係では共産党潜行幹部の捜査、組織情報を担当。二係は共産党の軍事活動を調査し、三係では共産党関連の文書収集を行った。公安二課は労働運動、文化・学術団体などの情報収集を実施し、一係で左翼、二係が右翼を受け持った。公安三課は外事を担当し、一係が旧ソ連、東欧圏を中心とした欧米、二係は朝鮮半島、三係が朝鮮半島を除くアジア全体と割り振られた。

新設された「新特高の中核」警備二部がいかに重要な意味を持っていたかを語るには、そのトップに配置された幹部を見てみるのが最も手っ取り早い。

警備二部長に着任したのはのちに警視総監を務め、参院議長にもなる原文兵衛。部下の公安二課長には、のちに警視庁副総監、内閣調査室長を務めた後、宮内庁長官となる富田朝彦。公安三課長にものちの警察庁長官、山本鎮彦が配された。まさに綺羅星のごとく、警察官僚のエース級の人材ばかりが配置されたのである。

重要部門にエースが配されるのが当然ならば、その部門の手足となる実働部隊の人員が増強されるのもまた、当然のことだった。警ら部警備課時代の一九五一年末にはわずか一五〇人程度だった担当警察官が、警備二部だけをとってみても、新設後の五二年末には約六〇〇人にまで増強された。なかでも公安一課の活動は群を抜いていた。

また一九五二年四月九日には内閣調査室の前身となる内閣総理大臣官房調査室が総理府の組織として創設されたことも挙げておかねばならない。詳しくは7章で触れるが、この時に創設された同室は一九五七年八月に内閣法の改正及び内閣官房組織令に基づき内閣調査室となり、現在の日本を代表する公安情報機関の一つに成長している。

非合法手段も訓練

講和による占領体制の終焉に伴って実施された機構整備によって、公安警察は現在の原型ともいえる体制を整えたのと同時に、その活動の実体面でも組織化、大規模化を進めた。

当時における公安警察の活動の実際を伝える資料は少ない。だが、その中でも栃木県警本部が作成した「栃木県警備警察概要」は、4章で詳しく触れる公安警察の秘密部隊「サクラ」(四係)をはじめとし、今も続く公安警察の活動が、このころから全国的に軌道に乗り始めていたことを示す貴重な文書である。文中で党と述べられているのは共産党を指す。

「本県四係が、県党組織、活動の実態把握を目標として、基本ルート究明に着手、本格的に班活動を開始したのは、昭和二七(一九五二)年一二月である。

当時、芳賀地区委ランナーTを投入して、有力な協力者として指導育成し、これを運用しながら幾多の悪条件を克服しつつ、尾行、張込、基礎調査等の反復及協力者獲得活動、秘匿撮影等の諸活動を総合的に展開した結果、昭和二八(一九五三)年四月には、一応班活動も順調な進展を示すに至り、その後引き続き着実な活動によって、県党㊙組織、就中県V事務部を中心とする一連の㊙活動家の解明に成功し、更に同年十月には、県V事務仕事場、同キャップのポスト及アジトの獲得に成功、中央、地方、県、地区各級機関の各種資料及び活動記録等の入手に成功し、同年末から本年一月にかけて行われた県党㊀㊙組織の全面的改編の実態とその活動を把握するに至ったことは、今後の班活動推進上にひ益するところ極めて大なるものがあり、その後引き続き現在に至る迄成果の維持拡大に努力中である」

3——新警察法の誕生

中央集権を目指して

公安警察に限ってみれば、すでに中央集権的な警察組織が復活しつつあったとはいえ、実効性を高める意味でも、全国的に意思統一された〝公安神経〟を法的に裏付けるシステムの創出が求められていた。そのために、警察の完全な地方分権をうたった四七年警察法は絶対に乗り越えなければならない〝障害〟だった。

一九五三年一月三〇日。首相・吉田茂は施政方針演説で警察法に言及し、こう述べた。

「政府は治安の確保のため、警察制度の改革を必要とし、近く法案の国会の同意を求めるつもりである」

この演説が現実のものとなるのは同年二月二六日のことだった。政府はこの日、国家地方警察と自治体警察の二本立てを廃止した上で、中央に警察庁を置き、長官に国務大臣を当てて都道府県警本部長の人事権を付与するなど完全な中央集権的警察機構を目指す警察法案を国会に提出した。自由党内からは各省なみに専任の「治安大臣」を置くべきだとの主張が出る中での法案提出だった。

同法案に対しては東京都議会が反対決議をするなど各自治体から「警察国家を再現する危険性がある」との反対論も噴出、国会の解散によって成立を見ることはなかった。だが、一年後の五四年二月一五日、新たな警察法案は改めて国会に上程される。警察庁長官に国務大臣を当てるという一文は削除されたものの、

(1) 警察を都道府県警察に一本化する

(2) 中央に警察庁を設置する

(3) 国家公安委員長に国務大臣を当てる
(4) 警察庁長官は都道府県警察に対し、幹部の人事権及び所掌事務について指揮監督権を持つ

との内容だった。現在の警察法の姿がついに現れたのである。

強行採決

新警察法に対してはもちろん、激しい抵抗が繰り広げられた。自治体警察を抱える自治体の中では、中小都市が賛成の意向を表明したが、五大都市を中核とする自治体警察連合会が反対にまわるなど大都市が異論を唱え、野党を始めとして法曹、言論、市民団体なども「警察の中央集権化を図るものだ」として反対運動を展開した。

反対の声を挙げたのは野党や市民団体ばかりではなかった。特高警察の総元締めだった内務省警保局長を務めたことのある次田大三郎ですら、「読売新聞」(一九五四年三月二七日付)に次のような一文を寄せた。

「これは戦前のそれよりももっともっと強大な国家警察を創設するもので、従って戦前に比べて比較にならぬほどの大きな弊害を生ずるおそれが多分にある。(略)

警察の能率増進だけを考えれば改正法案は理想案であるかも知れぬ。しかし物事は能率だけで可否が決められるべきであろうか。(略)この法案は能率の回復ないしは増進のことばかりを考えて弊害の再び生ずることを防止するための工夫は講ぜられてないようである」

次田が最も危惧した警察庁長官の強大な人事権は修正が加えられたものの、吉田内閣は日本の議会史上初めて国会内に警官隊を導入する事態を引き起こして会期延長を繰り返し、激しく、広範な反対運動を押し切って採決を強行した。成立したのは同年六月七日。警察の地方分権を高らかにうたった四七年警察法はわずか五年強で、その姿を消したのである。

新警察法成立の過程において、国会でも激しい論戦が繰り広げられた。この中で期せずして公安警察の活動内容について、いくつかの注目される事実が警察側から明かされた。

五月二八日に行われた参院地方行政委員会での名古屋市警本部長、国警埼玉県本部警部の参考人公述は、全国の公安警察官を集めた「警備特別講習」が警察大学で行われていることを認めた上で、その期間が「五〇日程度、参加者は四〇人程度」「受講生は警備係の警部、警部補で、国警本部の課長級が講師にあたっている」と明言。また講習が「五二年四月ごろから始まり、現在までに一三期六百余名ぐらいの警察官が教育を受けて地方で活躍している」と述べた。

講習内容は名古屋市警本部長が「習った生徒の報告」として「相手の留守中に見張りを

二人以上置き、住居侵入によって文書を盗み取ったり、カバンや事務所の中から文書を盗む方法、鍵の開け方、協力者という名のスパイ獲得法を教えられたらしい。（協力者の持ってきた手紙だけでなく）郵便配達人を抱き込んで信書を見ることも教わったと報告を受けた」などと証言。名古屋市警本部長はさらに二九日、衆院地方行政委員会でもこう述べた。

「講習会で内容の意外さに驚いた。〝こんなやり方では良心的に警察官の職務を遂行できぬ〟と漏らしたところ、のちに名古屋の警官はアカではないかといわれた」

公安部の誕生

一九五四年に世論の大反対を押し切って成立した警察法の特徴と、それによってもたらされた公安警察的な〝効能〟をごく簡単に整理すれば、（1）警察組織の中央集権化（2）それによる公安警察の機能強化（3）公安関係予算の大幅増――の三点に尽きた。

一方、警視庁では一九五七年四月、きわめて象徴的な公安警察の組織改編が行われる。従来の警備一部が「警備部」に、そして警備二部が「公安部」に移行したのである。現在でも全国の都道府県警組織で部の名称として「公安」の文字を冠しているのは警視庁公安部だけである。首都警察における公安警察の重要性がうかがえる体制とも言えるが、その誕生の瞬間だった。

新生「公安部」の下には、従来の資料班が格上げされた公安四課を含め、一課から四課までが置かれた。さらに一九五九年九月には外事部門を担当していた公安三課が「外事課」として新設される形で再編される。これもまた、特高警察の廃絶以来、姿を消していた「外事」という文字が警視庁に復活したという意味において、象徴的な出来事だった。

小樽商科大教授の荻野富士夫は著書『戦後治安体制の確立』で次のように指摘している。

「治安機構全体の人的・物的な実力からいえば、（略）早くも一九五〇年代には戦前特高警察の規模を『公安警察』は上回るほどである。さらに一七〇〇人規模の公安調査庁が存在し、社会運動の団体や個人に対しては、これらの二重の視察態勢ができあがっている」

五四年警察法の制定によって、公安警察の力は確実に強化されていた。

安保闘争と右翼テロ

一九五九年一〇月、日米安全保障条約改定に関する日米交渉が東京で開始される。いわゆる「六〇年安保」と呼称される条約改定問題は、五九年から六〇年代にかけての最大の政治問題となり、六〇年一月の岸首相ら全権団ワシントン出発、五月の警察官国会導入による与党のみでの会期延長、そして条約承認までの間の反対運動は、期間、規模ともに空前の広がりを見せた。

一方、安保闘争の高揚に〝呼応〟する形で右翼によるテロ事件も続発する。

一九六〇年一〇月一二日、翌月に迫った総選挙のため池田勇人・西尾末広・浅沼稲次郎の三党首立会演説会が開かれていた日比谷公会堂で、演壇に立った浅沼社会党委員長が聴衆の面前で一七歳の右翼少年に刺殺された。前後して、河上社会党顧問刺傷事件（六〇年六月）、岸首相刺傷事件（同七月）、さらには六一年二月一日、雑誌「中央公論」に掲載された深沢七郎の小説「風流夢譚」が、皇室を侮辱した内容であるとして中央公論社長の家に押し入り、お手伝いを殺害し嶋中夫人にも重傷を負わせた、いわゆる「風流夢譚」事件が起きる。

これらの治安情勢を名目とし、警視庁公安部では六一年三月、それまで公安二課に置かれた一つの係だった右翼係を公安三課として独立させる。さらに外事警察も整備が進み、六一年四月には警察庁の警備二課が外事課として再編されたほか、翌六二年三月、警視庁公安部でも外事課が外事一課と外事二課に分割・強化された。

緊迫する六〇年代後半

さて、この段階での警視庁公安部の組織を振り返っておこう。

見てきたとおり、急速に整備が進んできた警視庁公安部には共産党や労働団体、右翼団体を担当する公安一課から三課、さらに公安関係資料の整備・保存に当たる公安四課を設置、外事関係ではアジア地域以外を外事一課、アジア地域を外事二課が所管する体制が取られ、すべての課に最小でも二つの係（公安二、三、四、外事二課）、最大では四つの係（公安一課）が置かれるようになった。

一方、警察庁警備局でも六三年四月、警備二課の係だった資料部門が資料課として独立。六五年四月には大幅な機構改革が実施され、外事以外の公安警察を指揮していた警備局警備一課が、公安一課、二課に分割・強化され、機動隊運営など警備実施部門を受け持っていた警備二課が警備課として再編される。

この間、六〇年に勃発したベトナム戦争は六五年から本格化し、日本国内でも広範な層にベトナム反戦運動が広がったほか、同年六月に調印された日韓基本条約をめぐっては、成立阻止を訴える反対運動が六〇年安保闘争に次ぐ規模で展開された。さらに成田空港建設の閣議決定（六六年七月）、佐藤首相の一連の訪問外交に反対して発生し、安保闘争以来最大の流血デモになった羽田事件（一次羽田事件は六七年一〇月八日）、東大紛争（六八〜六九年）、国際反戦デーに起きた新宿騒乱事件（六八年一〇月）など左翼運動は高揚を見せ、これを口実に公安警察の膨張も継続した。

公安警察の完成

一九六〇年に改定された日米安保条約は七〇年六月二二日で一〇年間の固定期限切れを迎えた。この日政府は「引き続きこの条約を堅持する」との声明を発表、翌二三日から自動延長されたが、全国では学生、市民らが広範に結集し、反安保統一行動が取られた。

また同年三月三一日には、赤軍派学生ら九人が日航機「よど号」を乗っ取る日本初のハイジャック事件が発生。爆弾テロが相次ぐなど、公安警察流の言い方を借りれば治安情勢は確かに緊迫の度を増していた。だが実を言えば、日本の公安警察はこの後、組織・機構面から見れば若干の改編を行うのみで、この段階ですでに「昭和四五年（七〇年）を迎える前に〝七〇年安保闘争〟の結末は見えていた」「いまや警備公安警察がきわめて強力なものになっている」（前出『警備公安警察の研究』）と評されるほどに進化しており、その整備は、少なくとも組織機構面では完成を迎えていた。

特高警察と同様、戦後公安警察の拡大を正当化したのは、結局のところ徹底した「体制の擁護者」としての組織性癖だった。戦争遂行を大義として猛威をふるった治安機構は、水脈の維持を図るため、占領下になると一転して時にはGHQの一部とすら結託し、講和後は為政者の描く治安像を死守するため、わずかの期間に一挙に態勢整備を成し遂げたのである。

その「若干の改編」のみ指摘しておけば、大学闘争が激しさを増した六八年一二月、警視庁公安部に公安総務課が新設され、共産党関係が同課に移管されて従来の公安一課は学生運動に特化されたこと、そして七二年五月、警察庁警備局に学生運動を専門に統括する公安三課が新設されたことなどが挙げられよう。

いずれも七〇年安保を機に激化した学生運動に対応した公安警察の再編だった。もちろん、これ以降も人員面では公安警察官が増強され、予算面でも引き続き軽視できないほどの強化が図られていくことになる。例えば七〇年安保を目前に控えた六九年度だけでも公安警察官一〇〇〇人、機動隊員二五〇〇人、外勤警察官一五〇〇人が増員され、これ以降も人員・予算ともに増強が図られていく。だが、組織・機構面でみれば、七〇年安保を前に行われたこれら一連の機構改革によって、警察庁警備局を頂点とし警視庁公安部を代表とする公安警察はその整備をほぼ終え、「緊迫した治安情勢」を押さえ込むに十分な現在の体制を築き上げたのである。

3——監視・尾行から工作まで

菅生事件公判の証人台に立つ
「投入」公安警察官、戸高公徳(1957年5月)

1――基本的な情報収集術

『警備警察全書』

少々古い一冊の本から話を始めよう。一九六二年に初版が出版された『警備警察全書』。出版元は立花書房という馴染みのない会社だが、民間信用調査機関によれば「得意先」の七〇パーセントを「全国各都道府県の警察及び警察学校」が占め、主に警察官の昇任試験問題集、警察幹部による著書などを手掛けている、警察内では知らぬ人のない出版社である。『警備警察全書』はかつて、公安警察官の教科書的存在だったとされる一冊だ。

同書の中に「警備情報収集の要領」と題した一節がある。公安警察における情報収集の必要性について「あらゆる警察活動の方針の樹立・決定、計画の策定・実施あるいは犯罪捜査の基礎となるものであり、情報収集活動は、これら治安維持上必要な資料を収集することであるから、たえず自己の職責を自覚し、情報収集に対する関心と熱意をもたなくてはならない」と強調した上で、その情報収集の手段として以下の七つを列挙している。

(1)視察内偵 (2)聞き込み (3)張り込み (4)尾行 (5)工作 (6)面接 (7)投入

この七手法は、一部を除き今も公安警察の情報収集活動の基本である。

そもそも公安警察の情報収集活動は、その目的の違いによって「捜査情報活動」「事件情報活動」「一般情報活動」に分類される。

「捜査情報活動」は事件の発生後、捜査を目的に行われる情報収集作業であり、直接の根拠は「司法警察職員は、犯罪があると思料するときは、犯人及び証拠を捜査するものとする」と定めている刑事訴訟法一八九条二項に求められている。この点では一般の刑事警察の捜査活動と法的な相違点はない。

だが公安警察の情報収集活動には「具体的に公安を害する事態、または犯罪のおそれがある」場合に「その予防・鎮圧に備えて行う情報活動」としての「事件情報活動」、さらに「おそれがない」場合でも「一般的に公安の維持または犯罪の予防・鎮圧に備えて平素から行う情報活動」としての「一般情報活動」までが加えられている。こうした活動は「警察は、個人の生命、身体及び財産の保護を任じ、犯罪の予防、鎮圧及び捜査、被疑者の逮捕、交通の取締その他公共の安全と秩序の維持に当たることをもってその責務とする」と定めた警察法二条一項が理由とされ、公安警察はこれを根拠に七つの手法を駆使し、時には組み合わせ、あるいは応用を加えて情報の網を広げるための日常的活動を構築してきた。

本章では七手法を基礎に据え、最近の警察庁警備局など公安警察の内部資料を交えながら、その日常の情報収集活動の実態を追う。

尾行

七手法のうち、尾行や張り込み、あるいは聞き込みといった手法は刑事警察においても使用され、公安警察にのみ特異なものではない。だが尾行ひとつをとっても、公安警察においては慎重さと緻密さが段違いに高い。何人かの公安警察官の口から刑事警察の尾行との同一視を拒否する強烈なプライドを含んだセリフを耳にしたこともある。

『警備警察全書』も尾行や張り込みに際しては「秘聴器（盗聴器＝筆者注）を使用したりカメラを使用する場合は、とくに慎重な配慮が必要」と記述している。これだけでも公安警察における尾行や張り込みの特殊性、密行性が推し量れよう。

公安警察の尾行対象者は当然、追尾されている可能性を常に念頭に置いている人物が多い。また特定の事件解決のために尾行や張り込みを繰り返す刑事警察に対し、公安警察の尾行は情報収集が主目的である。一度でも発覚したら作業は振り出しに戻ってしまう。「情報収集活動が行われていることを知られた時点で作業は失敗」と言われるゆえんである。

尾行からはさまざまな情報が入手できる。手元にある警察庁警備局の内部文書はその意義を「対象を一定期間継続して、視察員が直接追尾し、その間における対象の状態・動向・関係人物や場所について観察し、必要な情報・資料を入手しようとする活動」と位置づけ、尾行によって種々の作業を推進するための「端緒・条件が見つかる」と強調している。

尾行や張り込みによって得られる「端緒」にはさまざまなものがある。対象者の行動範囲、行動や生活のパターンはもちろんのこと、機会があれば本人を始め、接触する人物の写真を隠し撮りすることも可能だ。自宅以外の立ち寄り先はどこか。異性関係はどうか。レストランや喫茶店では誰と会うか。チャンスがあれば近くに席を取り、会話の内容を盗み聞くことも可能。対象者が使ったカップから指紋を採取することもできる。行きつけの飲み屋があれば、酒癖、交友関係、経済状態まで聞き出せるかもしれない。店の雰囲気によっては、後に詳述する「協力者工作」の拠点としても使える。

尾行の手段も対象者の移動手段によって徒歩、乗り物などが考えられるが、徒歩の場合には通常でも三、四人の複数人数で行われることが多い。手法にも「直列式尾行」「併列式尾行」「循環式尾行」「曲角式尾行」などさまざまなものがあり、対象者に気づかれないよう尾行者が入れ替わり、あるいは先回りし、待ち伏せするなど複雑な形態が取られる。重要な対象者の場合、数十人単位の公安警察官が投入されることもあるという。

また、公安警察官にとっては対象団体メンバーの顔をどの程度まで記憶に焼き付け、実際に人物を特定できるかどうかが重要な資質とされ、内部では「面識率」と呼ばれている。道を歩いていてメンバーを見かけたら尾行する、あるいは手配されている被疑者を見かけて逮捕する、路上で対象団体幹部が見知らぬ男と歩いていたら、男の身元を割り出すために尾行する、集会に重要人物が参加していないか確認する——そんな作業のためにも欠かせない技能とされる。警察の交通部門が管理する運転免許の顔写真、団体の機関紙誌に掲載された写真、あるいは集会などに参加した人物や撮影写真を頭にたたき込んで「面識率」の向上を図る。

視察

情報収集活動の筆頭に挙げられた「視察」は公安警察の情報収集活動の中でも、最もベーシックな作業である。『警備警察全書』もこう言う。

「集会・デモ・その他の行事、団体交渉・その他の争議の状況を視察する場合や、組合本部、団体事務所等を視察して情報を収集する場合である。これは情報収集としてもっとも一般的な方法である」

この一文のとおり「視察」は、調査対象団体の集会やデモ、あるいは拠点や対象人物の自宅や立ち回り先などを、あらゆる手法を駆使して監視することである。

集会やデモのケースで言えば、中核派なり革マル派なりの屋外集会に足を運べば、周囲を取り囲むおびただしい数の公安警察官の姿を誰もが見かけることが可能だ。また屋内で行われる集会でも視察が行われるケースは多い。ただし屋内集会に公安警察官が立ち入る場合、2章で触れた「東大ポポロ事件」のように視察活動が発覚する危険性があるほか、憲法に定められた集会結社の自由と絡む法的問題も残されており、トラブル発生の可能性が高い。公安警察内部でも第一線の公安警察官に対して注意を促している。

手元に集会視察への潜入時における公安警察官の〝心構え〟とでも言うべき留意点を挙げた内部文書がある。作成したのは警察庁警備局。一部を列挙する。

（1）集会には自然な形で入場し、その場の空気に溶け込むよう注意すること
（2）会場内では視察しやすく、連絡または退避しやすい場所に位置すること
（3）会場内に視察員が数名いるときは、一ヵ所に集まることのないよう分散すること
（4）メモ・写真撮影・録音などは秘匿して行うこと。その場合、原則として防衛員をつけること
（5）視察員が関係者に不審を抱かれたと認めるときは、速やかに退場すること。退場時には休憩時間、手洗い、喫煙などの所用にかこつけるなど不自然でないように注意

すること

拠点・アジトの視察

集会視察以上に重視され、より実戦的なのが調査対象団体の拠点やアジトに対する視察だ。集会やデモ視察とは対照的に、固定した場所に対する継続的視察活動である。

一例を挙げれば、新左翼セクト「中核派」の拠点「前進社」。かつて東京都豊島区にあった同派最大の拠点だが、今は移転して東京都江戸川区松江に位置している。同所に対しては、公安警察だけでも複数の視察拠点を置いているとみられる。詳細は不明だが、全国各地にある共産党の本支部や有力な左翼セクトの拠点、朝鮮総連関係の施設、さらに最近であればオウム真理教の拠点施設など公安警察側によって重要とみなされた場所は、ほとんどが公安警察の視察下に入っているとみてよい。

拠点に対する視察は尾行や張り込みといった手法と組み合わされることが多い。拠点視察によって確認した人物を尾行し、張り込みをすることで、公安警察の情報収集活動は「点」から「線」、さらには網の目状の「面」へと展開される。某所の拠点から出た人物を尾行し、別のアジトを発見したら直ちに周辺の基礎調査を行った上で視察場所を設定し、そこから出入りする人物を辿ることでさらに新しいアジトを見つけ出す。こうした作業を反復継続することで公安警察の情報収集活動は網を広げていく。

では実際の視察活動はどのような手順を辿って実施に移されていくのか。多くの公安警察官が「場所の確保に最も神経を使う」と証言している。

視察対象を見渡せる場所にアパートやマンションなどがあれば問題はない。古びたアパートを借りる場合もあれば、マンションを借りる場合もある。適当な場所がなければ、民家の一室を借りるケースもある。だが借り上げようとした民家が対象団体関係者宅であったりしたら論外で、事前に綿密な下調べ＝基礎調査が実施される。

設定された視察拠点は、重要度に応じたレベルが設定されている。二四時間体制の張り込み要員が常駐するところもあれば、昼だけ人を配置して夜間はカメラだけを置いている場所もあり、一ヵ所の対象に対して複数の拠点を置く場合には、カメラを置く拠点、出入りする人物を追跡する要員を置く拠点などに分散されることもある。

視察可能な場所にアパートやマンションどころか、民家すらみつからない場合はどうするのか。ある公安警察OBがこう言って笑ったことがある。

「目の前が畑なら、畑にカメラだけ設置する。刈り取りの終わった田んぼに積まれたワラの中に拠点を作った際には、捜査員が腰を悪くした。二週間に一度、ある人物がある道を通るかどうかを確認するためだけに拠点を作ったこともある。頻繁に捜査員が交代すると不審に思われるので長時間勤務にしたら、担当者が心臓病になってしまった」

慎重な視察活動

視察拠点の維持にも細心の注意が払われる。

例えば拠点への出入りや食事。弁当や飲食物は近隣の同じ店ばかりで買わないのが原則で、家で作った弁当を持ち込むのが最善。従業員や近隣住民に顔を覚えられ、発覚の危険度が高まるほか、買った弁当ばかりでは排出されるゴミが不自然になる。

出入りや物資運搬に使う車両もレンタカーや警察車両を極力使わないように配慮される。一般の車両はお守りや飾り、カバーなどによって生活の臭いが漂うが、生活感のない警察車両やレンタカーは、佇まいの不自然さを覆い隠しようがない。当然、視察員は拠点に合わせた服装や振る舞いが要求される。拠点は古びたアパートのこともあれば、高級マンションのこともあり、その場所に合わせた自然な服装、行動を取らねばならない。

公安警察の視察活動は臆病なほど慎重だ。ある公安警察幹部がこう語ったことがある。

「近くを通りかかったときに視察場所を知っていると、どうしてもその方角に視線が流れてしまうから、必要以上に視察場所の住所は覚えないようにしている。我々の視察では対象から出入りした人物が視察拠点の方角を見ただけで、撤収してしまうぐらいだ」

2――協力者という名のスパイ

工作

公安警察において最も代表的で現在も広範に行われている情報収集活動であり、その〝王道〟とも言えるのが、対象団体内部に「協力者」と呼ばれるスパイを獲得することによって情報を引き出す作業である。『警備警察全書』はこれを「工作」として解説を加えている。

「協力者（情報提供者）をつかみ、（略）情報を収集するのも重要な手法であり、これを（略）協力者工作として重要視している」

手元に一通の内部文書がある。警察庁警備局が第一線の公安警察官に対する講習用として作成した資料の一つで、「協力者設定作業の基本」と題されている（次ページ図参照）。これまで外部に漏れ出たことのない貴重な資料だが、これに従って「協力者獲得」の手法を見ていこう。

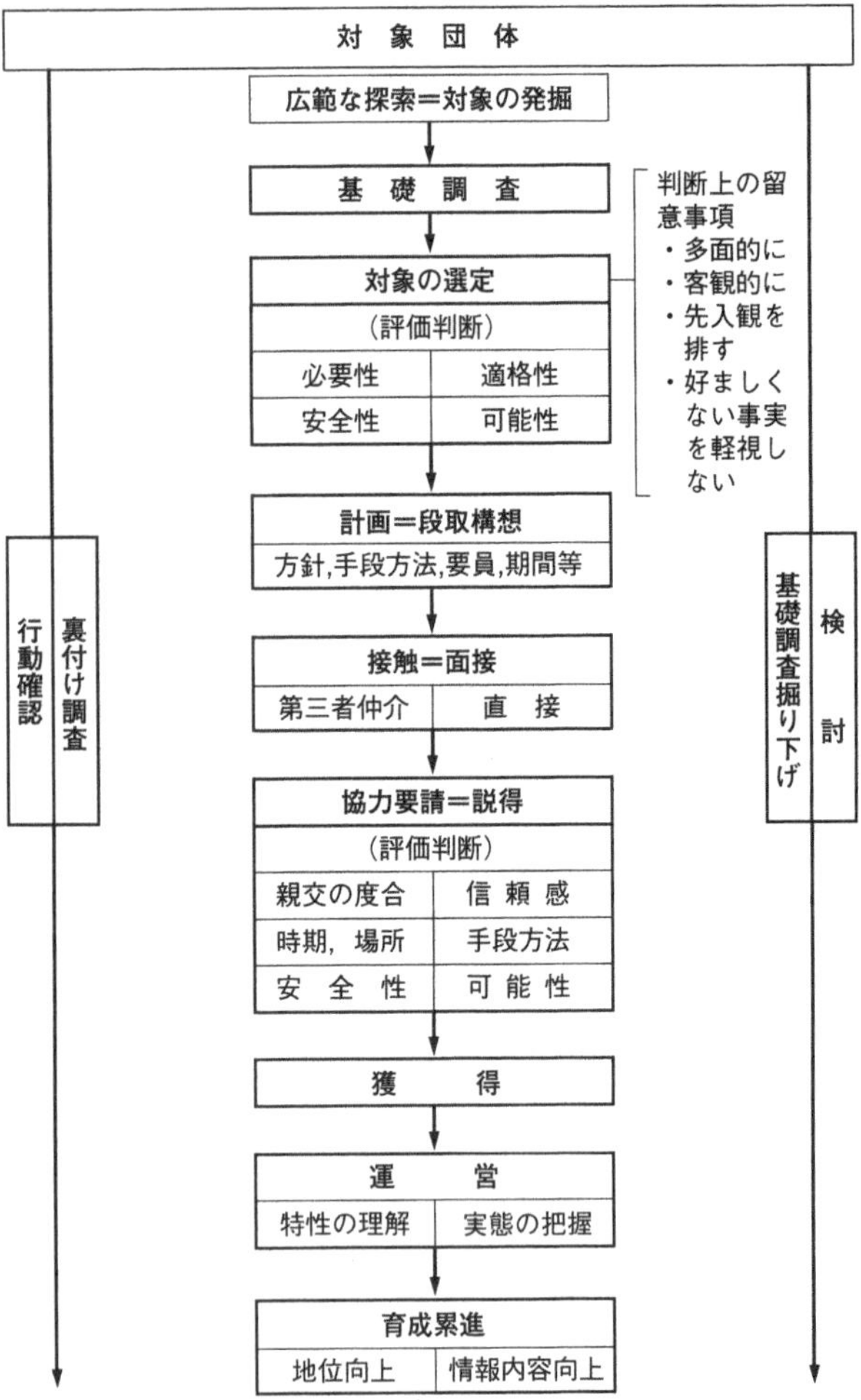
対象団体
広範な探索＝対象の発掘
基礎調査
対象の選定
（評価判断）
必要性
適格性
安全性
可能性
判断上の留意事項
・多面的に
・客観的に
・先入観を排す
・好ましくない事実を軽視しない
計画＝段取構想
方針,手段方法,要員,期間等
接触＝面接
第三者仲介
直接
協力要請＝説得
（評価判断）
親交の度合
信頼感
時期，場所
手段方法
安全性
可能性
獲得
運営
特性の理解
実態の把握
育成累進
地位向上
情報内容向上
裏付け調査
行動確認
検討
基礎調査掘り下げ

協力者設定作業の基本

スパイ候補の「基礎調査」

最初の作業が対象団体に対する広範な探索による「対象の掘り起こし」である。どういう人物を協力者に仕立て上げるか。後述するようにきっかけはさまざまだが、対象選定時には「情報活動の対象者について必要な端緒、条件となるものや検討資料となるものを広く収集する活動」と位置づけられる「基礎調査」と呼ばれる作業が重視される。

基礎調査は公安警察にとって「全ての情報活動の基盤・出発点」とされ、当然、協力者獲得作業でも最重要視される項目である。

ここで戸籍などの関連資料の閲覧、聞き込みや尾行、張り込みなどの手法を駆使し、対象となる人物の本籍、住所、生年月日などの基本情報はもちろんのこと、性格、前科、趣味嗜好、経済状況、家庭環境、親族や知人との交友関係など、協力者工作の対象としてふさわしいかどうかのありとあらゆるデータが収集される(次ページ表参照)。

基礎調査によって協力者工作の対象の選定が行われ、次の項目に従って検討作業が行われる。

(1)必要性=対象者の地位や活動状況、性格などから対象団体の幹部になりうるか
(2)適格性=過去に窃盗などを犯していたり、性格に問題はないか

［着　眼　点］	［調　査　事　項］
身元確認	原籍・本籍・現住所・氏名・別名とその区分・生年月日・人相・特徴・性癖
経　歴	住居歴・学歴・軍歴・職歴・犯罪歴
性格素行等	性格・素行・趣味・嗜好・運動・特技・特異な生い立ち
家庭状況	家族の氏名・生年月日・職業・性格素行・家庭内の状況
生活状況	生活の程度・経済状況・収入状況・資産・負債・支出状況
職　業	生活の程度・経済状況・収入の状況・主な職場内の関係者・就職の経過・勤務状況・主な出入り場所・交渉人物
所属団体等	加入年月日・加入事情・地位・活動状況・任務・活動・意識の程度・団体内の派閥・団体加盟への家族や職場などの動向
親族知人状況	親族＝本人や配偶者の親族 知人＝住居・学歴・職業・趣味・娯楽・その他の関係・本人への影響力
協力者の適格性	情報収集に対する素質・協力者としての適格性・仲介する第三者の有無
その他	職場や住居地における同調者の分布状況・近隣との交際・その他

調査着眼点と調査項目（警察庁作成、抜粋）

（3）安全性＝対象者に保秘意識があるか

（4）可能性＝接触し、獲得できる十分な可能性があるか

この際には「多面的に」「先入観にとらわれない」「客観的に」「好ましくない事実を軽視しない」——などの留意点が挙げられ、段取り構想である「計画」に進む。

対象者の選定時には団体内で中枢情報を握っている特定の人物を戦略的に狙うことも多い。団体の中枢情報は一部の幹部からしか入手できず、幹部の中から獲得の可能性のある人物をリストアップし、生活・行動形態や趣味などを調べ上げる。その後の接触では、例えば行きつけの飲み屋などで偶然を装って隣に座ったり、時には綿密な基礎調査によって

弱みを探り出して接近を図ることもある。

これを裏付けるのが一九五〇年代末に発覚した福島県警作成の公安警察文書である。同文書にこんな一節がある。

「色々な形で関連する人と場の中より特に人的結びつきの強い対象を選定し、弱点を抽出し、または取り組み得る条件があればこれを最大限に活用して条件を作為する」

一方で、獲得した一般協力者を団体中枢に近いところまで組織内で出世させ、育て上げる手法もある。

公安警察側が女性警官を使って工作に当たることはないとされる。また原則として未成年者、女性は工作対象から外しているというが、これが建て前に過ぎないことは、後に述べる。

接触から説得へ

基礎調査によって抽出された結果に検討を加えつつ工作対象が選定され、計画作業の中で方針や手段、方法、要員、期間などが決定されると、いよいよ対象者に対する「接触」(面接)、さらに「協力要請」(説得)が行われる。

一連の工作作業の中で、接触から説得に至る過程こそがもっとも困難で、公安警察官の能力が試される局面ともいえる。ここに至ると事前の検討会が数を増し、あらゆる手法についての検討が加えられる。例えば先の図にあるように第三者を介在させたり、時には脅迫に近い手段が講ぜられ、スピード違反のもみ消しなど警察職務を利用して接近をはかる。第三者には親戚や近所の住人など担当者の知人、あるいはすでに協力者となっている人物を介在させることもある。

だが最も難しいのは身分を秘匿して接触した場合に自らの身分をどの段階で明かすか、であるという。ある公安警察官からこんな話を聞いたことがある。

「多くの捜査員がなかなか明かしたがらない。しかし明かした上で対象者を説き伏せなければ情報はとれない。早く明かしすぎて逃げられてしまうのでは話にならないが」

有効なのは〝既成事実の積み重ね〟だという。たとえ情報を得ていなくても、接触する過程でさまざまな理由づけをして金銭を渡し、公刊されている資料であっても受け取っておく。その積み重ねが「協力の実績」という既成事実となり、たとえ説得時に拒否したくても、対象者側は後戻りできない深みへと誘われている、対象者は深みに気づきながらも戻らない――そんな工作が理想とされる。

もちろん、説得して拒否されるのは当然のことだ。

「工作は拒否されることを前提とせよ」「真の工作は拒否されたときに始まる」

いずれも公安警察官の基本的な教えである。説得は、（1）親交の度合い（2）信頼感（3）時期場所（4）手段方法（5）安全性（6）可能性――によって評価判断がなされる。例えば親交の度合い。既述のとおり理想的には暗黙のうちに対象者が工作者側の意図、地位に感づき、それでいて接触を拒まないことが望ましいし、そう仕向けて拒めないように持っていくのが理想的。また十分に恩義、信頼感を与えることも重要だ。危険と隣り合わせの手法でもあるが、一般的な協力者候補に対しては自宅に招待し、妻の料理を食べさせ、工作員側の生活臭をさらし、対象者に安心感を与えるのも有効とされる。

獲得と運営

説得に成功し、「獲得」された協力者は、いよいよ恒常的な情報提供者として「運営」されることになる。公安警察にとっては協力者の獲得が目的ではなく、あくまでも「運営」して情報提供を受けることが本旨である以上、対象者の特性や精神状態に対する注意深いケアが行われ、協力者が組織内での地位を上げていくよう全力が尽くされる。地位が上がることはすなわち、情報の重要度、及び確度が向上することを意味するからである。

運営上で最も気遣わねばならないのが接触場所だ。ある公安警察官は接触のたびに場所を変え、一度接触したらその場で次の接触場所を決め、次回接触時まで一切の連絡を取らないという。接触場所の確保だけのためにアパートを借りることもある。ホテルや旅館も有力な接触場所だ。協力者が組織を裏切り命を懸けている以上、接触が発覚することは協力者の死をも意味し、公安警察にとっては対象団体側による協力者の摘発と暴露を最も恐れねばならない。スパイは連絡から発覚する――これも公安警察官の基本認識とされる。

3――協力者獲得のケーススタディ

沖縄県警での実例

では現実に公安警察官たちがどのように論理を実践へと移しているのか。発覚したケースは少ない。だが公安警察官OBの証言や期せずして明るみに出た事例を辿るだけでも、論理がきわめて忠実に、あるいは時に巧みに応用されていることが分かる。

沖縄県警の公安警察官だった島袋修は著書『封印の公安警察』の中で自らが運営した協力者「A－6」(協力者に付されたコードナンバー)の「対象者選定」から「獲得」までの経緯を克明に記している。〝基本手順〟が忠実に実行されていることが具体的に浮かび上がる。

「ある日私は、『赤旗』を小脇に抱えて走り回っている新聞少年に出会った。（略）共産党の若き〝エリート活動家〟であり、格好のターゲットであった。

彼が高校でバスケット部に入っていることや、夜は那覇市内のビルの屋上にあるビアガーデンでアルバイトをしていることも事前に調べあげた。そこで私は、昼間、彼が『赤旗』を配達している途中、偶然出会ったふりをして（略）声をかけ、夜のビアガーデンでは、『おやっ、君はここで働いていたの？　ちっとも知らなかったなあ』と驚くふりをして、言葉巧みに接触していった。

何度かの接触で彼の心がうちとけた頃、次の段階として、勘定の時は多めに金を渡し、（略）少しずつ私から金を受け取るように仕組んでいった。（略）

当時、Ａ－６はまだ高校生であり、進学や就職のことで悩んでいた。私は親身になって彼の相談に乗ってやり、同時に、金銭面での援助をするようになった。

毎月二～三万円の小遣いをあげて、『僕にも共産党の勉強をさせてくれないか。資料が欲しいな』と言う私に、彼も私が警察関係の人間であることを察知したようだが、すでに遅かった。金銭的魅力に取りつかれ、私から逃げられない間柄になっていたのである。Ａ－６はまさに、張りめぐらされた毒グモの糸にひっかかった蟻であった。

Ａ－６はやがて、積極的に私のスパイ業務に手を貸すようになってきた」

大阪府警の〝落とし物〟

協力者獲得工作は、公安警察の歴史上、途切れることなく、連綿と続いてきた情報収集法である。その手法はかつても今もさほどの相異はない。

大阪府警平野署の公安警察官が忘年会帰りに内部資料を落とすという失態を演じたのは、一九五八年一二月のことだった。落とし主は同署警備課の係長。文書は係長が逐一下す指示により部下が協力者の獲得と維持に必死になっている様子が手に取るように分かる興味深い資料である。ごく一部を時系列に沿って紹介する。

工作対象者は若い共産党シンパ。「処置」というのは上司から部下への工作の指示内容、「印象」というのは接触時に公安警察官が対象者に抱いたイメージ、③は「接触」を意味し、⑤は対象団体である共産党への入党を意味する符号である。

［昭和三三・七・三］
「印象」前回のお祝い（五〇〇〇円）に対して、嬉しそうに礼を言っていたし、表情も明るく快活によく話した。許婚者が彼の自宅を訪問する旨語っていた。
［七・三一］

「処置」作業遂行の面から考慮して、破談になる方がプラスとなるので言動には特に注意することと。
「印象」同人は報告要領が悪いので、③の都度、是正指導が必要であると認められた。
〔八・七〕
「処置」対象の安易感を払拭し⑤に対する熱意を促すと共に、常時⑤の意義を確認させ、督励に努めるよう留意されたい。
「印象」本人は明るい表情でよく話したが、結婚問題を気にしているため、作業上のことはチョット消極的。
〔八・二五〕
「指示事項」結婚問題で相談したり、意見を求めたりすること。これは信頼と親密度を急速に高めるために役立つ。
〔九・八〕
「指示事項」これからは週一回以上の③をして、この結果を聞きたい。
〔九・一七〕
「印象」当方のために「なにか」をしなければ――という気持ちが充分読みとれた。

報告書は以下、複数の協力者、あるいは協力者候補に対する同様の記述が延々と続くが、ここで報告書内の協力者工作のうち代表的な一例を、可能な限り原文に忠実に再現してみようと思う。平易にするため隠語や符合の一部を平文にしたが、原則的に推測を排した。

4――一九五八年・大阪での工作

検討会

一九五八年九月一日。大阪府警平野署警備課の係長「つじい」と部下の「さとう」「くらさき」は、ある男に対する協力者獲得工作のため、一般の警察官「はやし」を同席させて検討会を開いた。時刻は午後一時から二時間。ターゲットになったのは対象団体組織の幹部K夫妻と親しいA(いずれも報告書内は実名)。狙いはAを通じてK夫妻及び団体内部の情報を得ること、そしてA自身を忠実な協力者として団体内部に送り込むことだった。

検討会ではまず「くらさき」がAの本籍、住所、家族構成を報告。続いて基礎調査によって判明したAのデータを発表した。

「以前、Aは大阪市浪速区内で駄菓子店をしていたが、夏はアイスクリームの外交員として働いていた。現在はK夫妻宅の付近に居住し、夫妻宅で開かれた会合などに出席。Kから政治意識を買われて信頼され、親交があるようです」

続いてAと面識がある警察官「はやし」が報告した。

「Aとは現住地に転入以来、交際を続けています。Aが世話をして防犯懇談会を開催した際に懇意になりました。以来、数回にわたって飲食を共にし親交を重ねています。Kの動静や集会情報など自発的に提供してくれており、好意的、協力的です。前にAの家で酒を飲ませてもらったので、今度は私の家に招くことになっています」

「はやし」の報告を受けた「つじい」らは、Aが情報提供に好意的であり、Kの支持者として信頼されていることから一般協力者としての獲得条件があると判断。今後指導・説得すれば対象団体内に正式に加入し、情報提供をするスパイになる可能性が十分にあるとにらんだ。「つじい」らは方針を固めた。

「家に招待する約束になっているんだな。では、まずはAと親交のある『はやし』を介して接触を図ろう。場所は『はやし』の家では防衛上問題がある。東住吉区のお好み焼き屋にしよう。場所の設営は『くらさき』がやれ。日取りは九月四日の午後七時。前日の午後は『はやし』と『くらさき』の二人が場所を点検して、店の主人に『はやし』を紹介しておけ。今回は手がかりをつかむ程度でいい。協力要請も行わず、暗示する程度にしておくこと。それから今後は作業員にまかせて『はやし』は手を引け。Aに悪感情を与えない程度に距離をおくように」

全員が了解し、午後三時、検討会は終わった。

お好み焼き屋にて

当日の午後七時一〇分。打ち合わせどおり、Aを連れた「はやし」が東住吉区のお好み焼き屋に入った。店内に客として待機していた作業員は、「はやし」が席に着いて注文を済ませ、トイレに立つと、わざとらしく大きな声で呼び掛けた。

「珍しいところで会ったな。こんなところにも来るのか」

「ちょっと連れがいてな。まあ一緒に来いよ」

席に戻った「はやし」は作業員をAに紹介した。

「こいつ、同じ会社の者でね、いい男なんだ」

同じテーブルに加わった作業員はできるだけ自然に場を盛り上げた。Aは表面上は明るくこだわりもみせなかったが、作業員に対しては当たらず障らずの受け答えをしていた。

作業員はAが直感的に作業の意図を察知したと感じたが、酒と煙草、パチンコなどが好きだというAはお好み焼きを口にしながら対象団体の動向や活動内容を話した。作業員がテーブルを離れた後、Aから「あの人、何をしている人なんだ」と聞かれた「はやし」は「保安関係の仕事だよ」とだけ答えた。

協力の開始

翌日の午前一〇時。署内の一室に「つじい」と「くらさき」が顔をそろえ、再び検討会が開かれた。

「Aは我々の意図を察知している気配がある。徐々に作業目的を説明し、協力要請する。対象団体の主義主張を説明し、視察の必要性を説こう」

そう判断した彼らは九月九日、「はやし」を通じてAを秘密裏に平野署に呼び、説得にかかった。もともと対象団体に批判的な感情も持っていたAは意外と素直に説得に応じた。

「わかった。絶対に協力関係がバレないようにしてほしい。だが、わたしは対象団体のメンバーじゃないから参考程度しか分からないぞ」

「つじい」らはこう答えた。

「われわれの指示どおりに動いてくれればいいんだ」

彼らにはAが育てがいのある男に見えた。いずれは正式に対象団体に加入し、情報を持ってくる強力な協力者に仕立て上げる――そんな腹づもりだった。

協力を約束したAに対し、「つじい」たちは不安や動揺を与えないよう配慮する一方で、幹部Kと親交を深めつつ接触するよう指示した。Aは期待に応え、たちまちK宅で行われた集会の様子や参加者といった情報を提供するようになる。

徐々にKの信頼も得るようになったAに対し、九月二二日の検討会ではAに対する報酬金を与えることが決められる。四日後の夜。「つじい」らはAに団体機関紙の入手を持ちかけ、快諾を得ると二〇〇〇円を手渡した。

「機関紙代や交通費にかかる費用の足しにしてくれ」

そう言う「つじい」らにAは、いったんは「そんな心配はしなくていい」と固辞したが、結局は現金をポケットにしまい込んだ。情報提供と引き替えにカネを受け取るのは協力者として後戻りできない一線を渡ったことを意味する。工作は大きなヤマを越えた。今後の接触は安全を考えて西成区の旅館が使われることになった。

洗脳工作を推進せよ

順調にいっているかにみえた協力者工作に突然、障害が発生したのはその直後のことだった。「つじい」らから機関紙入手の依頼を受けたAは九月末、団体の幹部に対し、一部もの購読を申し込んでしまったのだ。幹部から「どうして二部も必要なのか」と問われたAは「知り合いに革新的な考えの人がいるので読ませたい」と答えた。だが報告を受けた「つじい」らは焦った。

「不審に思われたかもしれない」「最悪の事態を考えて作業を進めろ」

一〇月最初の検討会で、「つじい」らは作業にブレーキをかけねばならないと決意した。

「幹部はAに対して不審を抱き、今後は十分監視するだろう。当分は事態を静観し、積極的な活動は避けよう」

だが、注意を払いながらもAは順調に情報提供を続けた。翌年には地方選挙も迫っていた。「つじい」らは慎重な作業をするよう配慮しながら、Aを優秀な協力者にすべく全力を傾けた。Aが対象団体幹部に対して批判的な態度を取ると、表面上は幹部に従うよう説得し、一方でAがいかに識見があり政治的感覚に優れているかを褒めそやした。Aは確実に「つじい」らの協力者として育ちつつあった。

一〇月末で途切れているAに対する工作報告書の末尾はこう締めくくられている。

「一一月の着眼事項　Aの洗脳工作を推進し、団体外支持者として育成する。時機をみて作業目的が対象団体への加入にあることを示して協力と決意を求める」

大学生に接触

もちろん、報告書内の工作はすべてがうまくいったわけではない。こんなケースもある。対象は大阪学芸大学の学生。目的は同大学の自治会活動の動向把握だった。報告書は「着眼事項」として「前月の作業で対象との親密度もある程度増したので、対象宅を訪問し③（接触）を通じて更に親交を深める」と記述している。

工作に乗り出したのは同じく「つじい」「さとう」「きたむら」。彼らは大学教職員組合の統一行動に対する自治会の反応や学内の情勢を聞き出すため、九月一四、二四日の二度にわたって学生宅を訪問。一度目は留守で、二度目に接触に成功したものの、学生は「今月中旬から一度しか学校に行っていないので詳しいことはわからない。自治会新聞も入学以来一度しかもらっていない」と答えるだけだった。

報告書は学生について「作業員に対して別に悪い顔もしなかった」と記したが、検討会の結果、月に一、二度しか学校に行っていないようでは作業価値に疑いが持たれる、などとの理由で「新たに管内に居住する学生の中から対象を選定して作業を行う」と結論づけられている。

5――公安警察官と協力者

女子学生への手紙

公安警察の協力者工作は原則として未成年者、女性に対しては行われないことになっていると書いた。だが現実は違う。例えば島袋の協力者だった「A－6」が氏の接触時、高校生だったことからもそれはうかがわれるし、女性に対する工作が行われていたことも過去には発覚しており、いくつかの事例を挙げることができる。例えば一九五四年八月、愛知県警の公安警察官が愛知大の女子学生に宛てた情報提供依頼の手紙である。一部を抜粋する。

「現在の貴女の立場を考へる時、全く申訳ない気持ちなんですが、追い立てられた職務の為どうしても頼りにしてしまつて居ります。過激な思想、共産主義的な思想に対する批判はさておいて、御承知の如く、警察機構も県本部を一本として組織の強化、それに伴つた特殊犯罪を担当する者としては、何うしてもよりよき協力者を得ることが焦眉の急とされて居るわけです。(略)学生として許される範囲内で、大きな社会治安という大乗的見地に立つて教へて戴きたいと思つて居ります」

女性協力者の放火事件

一九七〇年には同じ名古屋で女性協力者の存在が最悪の形で発覚している。

名古屋市立大学で五日という短期間に八件もの連続放火事件が発生したのは、三月一六日から同月二〇日にかけてのことだった。狙われたのがほとんど学生自治会室やサークルの部屋だったこともあり、愛知県警が捜査を開始したのに加え、大学の学友会も独自に調べを進めた。

目撃証言などから間もなく、生協活動などに関わっていた当時二六歳の無職女性が容疑者として浮上、県警は逮捕状請求の準備に入ろうとした。だが何故か警備部からストップがかかった。理由は簡単だった。女性が警備部の運営する協力者だったからである。

そもそも女性は一九六六年ごろから公安調査庁の協力者だった。月に一、二度の割合で出身短大の自治会室から入手した学生運動のビラなどを公安調査官に手渡し、報酬を受け取っていた。その際、部室などから現金も盗んでいたことから女性は愛知県警瑞穂署の取り調べを受けた。ところが直後に今度は同署警備課の公安警察官から学生運動の情報収集を依頼されたのである。女性は申し出を承諾した。

この後、女性は名古屋市大の自治会室などから左翼系学生団体の発行するビラ、パンフレットなどを持ち出し、名古屋市内の喫茶店で瑞穂署の公安警察官に渡すことで報酬を受け取るようになった。協力関係は三年ほどに及んだが、無職の身では大学内の情報収集には限界があった。放火事件は、騒ぎを起こして資料を入手しようとした末の犯行だった。

愛知県警警備部幹部は事件後、女性が協力者だったことを認めた上で「接触を始めるときに盗みを知らなかった迂闊さを反省している」と開き直ったが、名古屋地裁は一九七二年八月七日、女性に有罪判決を言い渡し、同時に「被告人独りを責めることにとどまらず、その背後にあるものの責任を斟酌して量刑するのが社会正義に合致する」と断罪している。

不思議な感情

島袋修のケースでは沖縄県警を辞任した後、協力者「A－6」は自殺している。いつのまにか「兄弟」のようにすら感じるようになっていた協力者自殺の衝撃が公安警察官としての活動を著書としてまとめるきっかけの一つになったというが、このケースに限らず、公安警察官と協力者の間には、しばしば不思議な感情が芽生えるものらしい。

ある若き公安警察官は自らがかつて運営していた協力者がガンに倒れて亡くなった際、知らぬ間に足が葬儀場に向いていたと言う。

「もちろん葬式に出席するわけにはいかない。でも、近くまで行って式場に向かって手を合わせた。涙が出た」

別のベテラン公安警察官は証言する。

「一緒に危ない橋を渡っているという連帯感、シンパシー。それぐらいの関係が構築できなければ情報など取れない」

もちろん、公安警察官と協力者の間にセンチメンタルな感情の糸ばかりが絡み合っているわけではない。多くの公安警察官の脳裏にあるのは、情報の対価としての協力者への配慮だ。ところが「情報収集」と「事件捜査」、言い換えれば「協力者の維持」と「犯罪の未然防止」が相反して立ち現れる場面が応々にしてある。例えば、ある協力者から「いつ、どこで爆弾を仕掛ける」、こんな確度の高い情報を得たらどうするか。そして「私も犯行に加わるかもしれない」とも言われたら――ある幹部公安警察官がこう語ったことがある。

「大して影響のないゲリラの一発ぐらいなら見逃がすこともある。逆に事件検挙のため、協力者を切らざるを得なくても、徹底的にアフターケアする」

捜査によって協力者が逮捕などの不利益を被った場合、協力の事実の暴露に走る恐れもある。実際に一九六九年、アジトで爆弾製造中に暴発させて逮捕されたアナーキストグループ「背叛社」のメンバーが、公判中に突如自らが警視庁公安部の協力者だったと暴露。協力者の報酬として渡したカネが爆弾製造費に流用されたとの指摘までなされたこともあった。

基礎調査

さて八四ページの表をもう一度振り返ってほしい。基礎調査は協力者候補の掘り起こし時点のみに行われるわけではない。「協力者獲得作業は基礎調査に始まり基礎調査に終わる」とまで言われる。対象選定―計画―接触―説得―獲得―運営という一連の作業中も基礎調査は徹底して行われる。基礎調査があらゆる情報活動の基本とされるゆえんだ。調査対象も協力者など人に対する人的調査、あるいは視察場所、協力者との接触場所など場所に対する物的調査があり、公的資料を徹底して調べる公然調査、身分や目的を完全に秘匿して行う非公然調査がある。

公刊資料には次のようなものがあると、前出の島袋は公安警察官時代の講習ノートに記している。

「調査項目の事前検討と調査先の選定のために、既存資料の活用。警備関係資料のほか、税務署・法務省・職安・市役所・陸運局などの官公庁の資料、消防署の家屋見取図、学校関係の資料（成績・家庭状況・進学希望など）も活用する」（『公安警察スパイ養成所』）

既述のとおり、基礎調査の対象データは広範で、利用される公刊資料といっても、一般的にはプライバシーの壁に守られて入手できず、警察への提供も制限されているものが含まれていることにも注目したい。

6――投入と謀略の過去

投入

対象団体の中に身分を隠した警察官が組織の一員になりすまして潜入し、スパイ活動に従事する――。これが「投入」と呼ばれる作業だ。『警備警察全書』はこう記す。

「協力者以上に困難な点があるが、事件捜査のためにやむをえず、最後の手段としてとられるものである。これは各国において犯罪捜査や諜報活動の取締り手段として用いられているところであり、直ちに違法とはいえない」

まさしく公安警察らしい情報収集作業と思えるが、投入に関しては多くの公安警察官が最近における実行を否定している。

「我々が配属になったばかりの昭和四〇年から五〇年代ごろは、幹部クラスの捜査員の中に『あの人はずっと潜入していた』なんていう人がいたが、今はいない」（中堅、四〇代）「公安といっても家族もいるし子供もいる。現在の警察制度では不可能だ」（中堅、三〇代）「だいたい今の時代に身の危険を冒して中核派や共産党に潜入することに生き甲斐を感じるような警察官なんていない」（幹部、五〇代）

多くの証言は一九五〇年代から六〇年代を最後に投入が姿を消したことで一致している。

投入は終わったか？

最近になって公安警察官の教育用に作成された資料に目を通すと、情報収集手段としての投入は、その用語自体が項目から消えている。

例えば、警察庁警備局が近年に作成した「警備情報活動の技術」と題された文書は、その手段として、(1)一般視察(2)尾行・張り込み(3)面接(4)基礎調査(5)協力者作業(6)写真(7)録音(8)公刊資料の活用――を挙げるのみで、投入に関しての言及はない。

いずれにせよ現在の公安警察において投入が行われていないことを証明することはできないが、かつて実施されていたのは厳然たる事実である。最近ではノンフィクション作家の小林道雄が著書『日本警察の現在』の中でこう記している。

「かつて私が追った警視庁公安一課一担二係の工作員であるR巡査部長は、警視庁にはまったく顔を出していなかった。中核派の活動家と接触するため、家出人捜索願いが出されている人物に身分を偽変して、印刷工、メッキ工と職を変え、その後、ジャーナリスト養成学校に入る。

そして、Fという中核派活動家とつながるためのアジトとして荒川区内にマンションを借り、他の協力者との接触場所として巣鴨駅近くのスナックをよく利用していた。その店では、社長と呼ばれる人間に偽変していた彼は、実に金払いのいい客だった」

これなどは限りなく投入に近い作業と言えよう。だが何と言っても投入の代表例は一九五二年に発生した「菅生《すごう》事件」であろう。この事件は投入された公安警察官の目的が「情報収集」ではなく「謀略」だったという点できわめて特異なものだった。

菅生事件

事件が起きたのは講和条約発効直後の一九五二年六月二日、日付が変わったばかりの午前零時半ごろのことだった。場所は熊本との県境に近い大分県直入郡菅生村（現・竹田市菅生）。標高約六〇〇メートルほどの高原地帯にある住戸数わずか三五〇程度の人里離れた寒村だった。

当時、夜の早い村民たちはすでに寝静まり、村は深い闇と静寂に覆われていた。だが突如として鳴り響いた激しい爆発音によって、一瞬にして静寂は切り裂かれる。村の中央を貫いて大分—熊本を結ぶ県道に面した駐在所が爆破された瞬間だった。

事件は奇怪な展開を見せた。事件発生時、現場近くにはなぜか数十人もの警察官がすでに待機しており、直後に近くを通りかかった二人の共産党員をあっという間に取り押さえ、〝犯人〟は一瞬にして逮捕されたのである。さらに現場付近には新聞記者までが待ち受け、事件直後には早くも周辺で取材活動を展開していた。記事は翌日の新聞に大きく掲載される。駐在所巡査の妻との会見記だった。

「私は昨夜、駐在所が爆破されるのを知っていました。主人から今夜共産党が駐在所に爆弾を投げ込みに来ると聞かされました」

なぜ、このような寒村で起きた「爆弾テロ」の発生時、大量の警察官が現場で待機していたのか。そしてなぜ、新聞記者までが居合わせたのか。謎ばかりが多い事件だった。

消えた男

起訴された共産党員らが被告となった法廷の場で逮捕経緯の不可思議さを突かれると、警察側は現場待機の理由を「牛の密殺事件の容疑者として共産党員を検挙すると聞いていた」などと証言し、牛泥棒の捜査中に偶然爆破事件に遭遇したと強弁し続けた。結局、大分地裁は一九五五年七月、逮捕された共産党員ら全員に有罪判決を言い渡したのである。

一方、被告たちは公判廷の場でこう訴えた。

「事件二日前の五月三〇日の夜、知人の市木春秋という男から連絡があった。『先日約束した西洋紙や壁新聞用のポスターカラーなどを寄付したい。ついては夜一二時の時間を厳守し、駐在所近くの中学校の便所まで来てくれ。君たちと連絡していることがバレると危険だから、時間に遅れないでくれ』と。私たちは『必ず行く』と返事をした」

被告らは爆破事件の直前、現場付近で市木春秋なる男に会っている。時刻は午前零時一五分だった。市木は被告らに「約束の西洋紙は買ってきたが、人目について持ち歩けなかったので、バス停留所の下の店に預けてある」と話し、「もう時間がない。話は明晩にしてくれ」とだけ言い残すと足早に現場から立ち去った。爆発音が村内に響き渡ったのはその直後。市木春秋という謎の男は、それきり忽然と村から姿を消したのである。

正体は公安警察官

弁護団の調査などによると、市木が村に姿を現したのは事件直前の五二年春のことだった。当時、菅生村では旧地主層と旧小作民層の対立が激化し、米軍が村近くの広大な土地を演習場とする方針を明かしていたため、地元農民たちによる反対運動も勃興していた。

そんな菅生村にやって来た市木は、現場近くに下宿しながら村内の製材所で会計係として働き、被告らに「協力したい」と持ちかけながら接近を図った。被告たちの気を引くため、市木は時に共産党への入党を申し込み、時には脅迫状を書いて駐在所に投げ込んだりもしていた。だが生い立ちや経歴など、その人となりのほとんどは謎に包まれていた。弁護団やマスコミの興味は市木春秋という男に集まった。

事件後、市木なる人物の調査に乗り出した弁護団はまもなく、菅生村のある直入郡の隣に位置する大野郡に五二年ごろから行方不明になっている警察官がいることをつかむ。名前を戸高公徳。当時の国家地方警察大分県本部に所属する公安警察官だった。弁護団は戸高の写真を持ち帰り、市木を知る村民らに見せた。「間違いない」――多くの村民が同一人物であると証言した。事件は一転して、公安警察による謀略事件だった疑いが浮上した。

マスコミが接触

事件から五年後の一九五七年三月中旬。菅生村からはるか離れた東京・新宿の歌舞伎町にほど近い一角で、共同通信の取材チームが息を潜め、木造の古びたアパート「春風荘」を張り込んでいた。記者たちは、このアパートに市木春秋こと戸高公徳が潜伏しているとの情報を得ていた。彼らの取材では、八室しかないアパートの中で七室までは居住者が女性。唯一の男性居住者が「東大文学部研究生、佐々淳一」を名乗る男だった。戸高の可能性が高いと判断した取材班はアパートの一室に踏み込んだ。

取材班の一人に加わっていたジャーナリストの斎藤茂男は著書の中でこう記している。

「出てきた人物は、かねがねわれわれが毎日内ポケットにしのばせて、すっかり頭にしみ込んでしまっていた戸高公徳の写真そっくりの男だった。しかし『私は戸高じゃない。関係ありません』というその男と押し問答になったあげく、向こうが『じゃあ、外へ出よう』と言い出して、アパートを飛び出した」（『夢追い人よ』）

この日の取材では結局、男は自らが戸高であることを認めなかった。だが共同通信と警察庁による交渉の結果、翌日になって取材班の前に男は警察庁幹部とともに再び現れ、自らが戸高公徳であることを認めたのである。

裁判で明かされた真実

事件は急展開した。直後の衆院法務委員会で法相中村梅吉は、この事件で戸高を使って〝オトリ捜査〟をしたと述べ、戸高自身も四月二二、二三の両日、検察、弁護団両側の申請によって福岡高裁の証人席に立ち、国警大分県本部の上司の命令で菅生村の共産党組織へ潜入していたことを認めたのである。

事件後、市木はマスコミに見つけ出されるまで警察の庇護を受けながら東京・福生など都下を転々とし、五六年には東京・中野の警察大学校に住民票を移して潜伏していた。

当時の警察庁長官は国会で追及され、ついにこう答弁した。

「大分県警備部長が命じ、戸高君は菅生村に赴いた。警察官という身分を秘匿し、製材所の主人にお願いして働きつつ、党の関係の方々とも接触するということによって情報を収集するという任務を果たすことになった」

一方、逮捕された共産党員によって駐在所に投げ込まれたとされてきた爆弾についても、鑑定の結果、あらかじめ駐在所内部に仕掛けられていたことが判明。一九五八年六月、福岡高裁は爆破事件については、共産党員らに有罪を言い渡した原判決を破棄し、全員無罪の判決を下した。

寒村で突如として起きた「共産党員による駐在所爆破事件」は、地元の共産党周辺へと投入された公安警察官らによる謀略事件だったのである。

地検次席検事の回想

菅生事件の発生当時、大分地検次席検事だった弁護士坂本モク次が回想録『自身への旅』をまとめたのは一九八八年のことだ。この中で坂本は、菅生事件が発生する前の段階で、事件への警察官の介入を知っていたことを明かした。

「『自身への旅』や坂本さんの話によると、（略）（事件の）二、三週間前、警察の幹部から情報源を隠してダイナマイトや導火線などの捜索令状を取ってくれないか、と坂本さんに相談があった。坂本さんが『情報源を明らかにしないと裁判官が納得せず、令状は出ない』と断った。

情報源が共産党に潜入している警察官であることを感じた坂本さんは『情報源をはっきりさせて爆発物を押収せよ』と迫ったが、幹部は『それは無理だ。それじゃ仕方がないから予定の行動を取る』と言った。坂本さんは『それは危険だ。新聞記者にばれますよ』と注意したが、『大丈夫、ばれないようにやる』と答えたという。事件発生後、捜査担当検事が共産党員のほかに氏名不詳の一人が関与しているという起訴状を決裁に来た。坂本さんはその人物が現職警察官であることを感じていたが、担当検事が何も言わなかったため、所在捜査などの指示をしなかった。この警察官がだれであるかは事件後、警察幹部から耳打ちされたという」（八八年九月五日共同通信配信）

出世した公安警察官

謀略工作のため投入されていた公安警察官、戸高公徳はその後、どうなったか。

大分地検は戸高を爆発物取締罰則違反で起訴し、その後福岡高裁も戸高の有罪を認定したが、結局は「爆発物に関する情報を警察の上司に報告したことが自首にあたる」として刑を免除される。驚くべきはこの後の戸高に対する処遇だった。警察庁は有罪判決からわずか三ヵ月後、警部補としての復職を認めたのである。

当時の警察庁人事課長はこんなコメントを出している。

「上司の命令でやむを得ず関係した気の毒な立場を考慮した。今後も同じような犠牲者が出た場合を考えテストケースとしたい」

復職後の戸高は警察大学校教授、警察庁装備・人事課長補佐などを歴任して警視の地位まで昇任。八五年、警察大学校術科教養部長を最後に退官した。ノンキャリアの公安警察官としては異例の出世だった。

息づく〝亡霊〟

事件から三七年以上もの時を経た一九八九年一〇月二五日。いわゆる「パチンコ疑惑」の論戦が繰り広げられた参院予算委員会で、再び「戸高公徳」の名が物議を醸す。

取り上げたのは社会党議員の梶原敬義。梶原は、警察職員や家族を対象にした傷害保険代理業を目的に設立され、職員の四分の三を警察ＯＢが占める「たいよう共済」の常務に、問題人物が就任していることを明らかにした。戸高公徳のことだった。

「たいよう共済」は、パチンコ業界にプリペイドカードを導入しようと設立された「日本レジャーカードシステム」の資本金のうち九パーセントを出資しており、梶原は「かつて陰謀工作に関与した人物が、こんなところにも顔を出している。たいよう共済を警察の身代わりにして業界を取り仕切ろうとしている疑いが強い」などと訴えた。

手元にある「たいよう共済」の法人登記簿をめくる。確かに「戸高公徳」の名前は刻まれていた。それによると、戸高は一九八七年同社の代表取締役に就任。九五年五月まで役員を務めていた。

菅生事件の〝亡霊〟は事件から四〇年以上を経ても警察組織の中枢でひっそりと息づいていた。そしてプリペイドカードは、今も巨大な警察利権の一つと指摘されている。

4——公安秘密部隊

神奈川県警公安警察官が共産党国際部長宅盗聴のため
細工した配電盤

1——「サクラ」部隊

公安警察の暗部

東京・中野のJR中野駅にほど近い一角。コンサート会場や結婚式場として有名な中野サンプラザの裏手あたりに広大な敷地を有する警察大学校がある。この敷地内にかつて、古びた木造の建物があった。入り口には縦長の看板。黒い字で「さくら寮」と記されていた。こここそが戦後間もなくから日本の公安警察に存在する秘密部隊の本拠地だった。

その組織は「四係」と呼ばれていた。地方分権を建て前としながら、中央集権的な機構を持つ公安警察の中枢として全国の公安警察官の活動を指揮・管理する裏組織。いつしか警察内や関係者の間では「サクラ」の隠語を冠されて呼称されるようになる。

この組織がつくられたのは一九五二年、2章でも触れた血のメーデー事件が契機とされる。当時、活動を活発化させていた共産党に対抗することを名目として公安警察内に設置され、共産党や関連団体の内部情報、あるいは共産党側から警察内部への工作活動から組織を防衛するために結成されたとの説が有力だ。

茨城県警の警備部長（警視正）を最後に退官した江間恒は一九八〇年七月、共産党衆院議員の池田峰雄にこう語っている。

「警察庁の出発過程の警備課時代、一係は左翼、二係は右翼、三係は外事だった。そこで四係ができた。いわゆる工作担当で、私は当時、その総務担当警部だった」

「サクラ」とは、全国の公安警察において行われる限りなく非合法に近い、あるいは非合法そのものの活動を統括する組織だった。また公安警察が運営する協力者獲得作業の指示、あるいは管理を一手に引き受ける機関でもあった。組織の全貌は、今も厚いベールに包まれている。だが、いくつかの資料、そして証言を基に外形を追うことは可能だ。菅生事件の戸高公徳が事件発生後の潜伏中、中野の警察大学校に住民票を移していたことがあったのもむろん、「サクラ」と無縁ではないはずである。

戦後公安警察の暗部を辿っていくと、糸は全てが中野へと収斂されていく。「サクラ」とはいったい何をなしてきた組織なのか。

発足直後の「サクラ」

2章で触れた栃木県警文書を思い返してほしい。同文書は一九五四年警察法施行直後から、警察庁の指示を受けて四係が栃木県で活動を本格化させ、非合法活動にも手をつけていった様子が克明に記述されている。

「組織運営方針　四係長は一係長兼務であったものを、昭和二九（一九五四）年七月、警察制度改革を機会に、専任警部一人を配し、班長（警部補）以下八名、合計九名を以て班活動の推進にあたっているが、班活動の推進は綜合された力によって成果を期待しうるものであることに鑑み、少数精鋭主義をとり、班のチームワークの維持と、技術活動の高度化をはかるため、常に係長を中心に集団検討会を持ち、班の指導教養《（ママ）》に最大の努力を払っている」

結果、どのような成果を生み出したか。文書からの引用を続ける。

「年間において新に発見した人、場所に対する基礎調査件数は総計二五七件に及び、その内主要なものとして、アジト二八ヶ所（略）レポ（含ランナー）七名、重要活動家の割り出し一八名の把握究明に成功し、このために設置した拠点数は総計一五七ヶ所に及んでいる。その間、県Ｖ仕事場一、同ポスト二、県Ｖキャップ、アジト一の獲得に成功し、その結果、秘匿撮影一二三回、秘聴四回、誘致三ヶ所を実施し、党内資料一一三五種類を入手した。各署に対する技術面の指導は四係をして具体的系統的にその活動を推進せしめた結果、特別協力者のみをあげれば、昭和二八年度三四名に対し、昭和二九年度は五一名で、本エンドに至って更に五九名となり、八名の増加をみており逐次向上の一途を辿っている」

「秘聴」とは盗聴工作のこと。明確な非合法活動である。協力者も確実に整備されていった。同様の文書は福島県警でも発覚している。全て四係ことサクラ部隊による仕事だった。

盗聴

盗聴は「サクラ」部隊を中心とし、古くから公安警察、あるいは公安調査庁が常習的に使用してきたとみられる情報収集の手口だった。例えば、日弁連の人権擁護委員会は一九六八年の『人権白書』で、警察などによる盗聴事件を取り上げ、発覚した事件が（一）盗聴が社会党、労働組合に及んでいる（二）盗聴器が非常に精巧になっている（三）表面化したのは氷山の一角（四）違法を覚悟で、犯人を隠して強行している――と分析している。

さらに盗聴の範囲が自民党にまで及んでいる疑いすら指摘し「盗聴の対象は、共産党にとどまらず、社会党から自民党に至るまで拡大され、表現の自由、結社の自由が危殆に瀕していると云っても過言ではない」と述べ、一九五一年から一九六七年までの間に「共産党、社会党、労働組合等の関係者に対する盗聴器事件の判明せるもの」が二一件に上っていると断言し、こう結論づけている。

「大半は犯人が不明であるが、その犯人がわかったものは、何れも警察、あるいは公安調査庁関係者であることが一応疏明される」

精鋭が集まる

「サクラ」部隊は発足直後から、各都道府県警に着実に整えられた。これを統括することになるのが中野の警察学校内に置かれた警察庁公安一課の分室だった。組織のキャップは公安一課の理事官がつとめ、実行部隊となるのは各都道府県警の四係こと「サクラ」部隊。中野分室は都道府県の公安委員会はもちろん、本部長すら飛び越えて全国の部隊が実行する作業に対し直接に企画・指示を与え、あるいは企画を承認し、教育し、援助した。「サクラ」のキャップに任ぜられるのは、キャリアの警察官僚のうち入庁一五年程度の中堅幹部。警察庁の名簿からも組織図からも名前が消され、公安一課に籍を置きながら「表向きは存在しない理事官」として一年から三年程度、中野分室に生息した。

キャップの指揮を受ける部隊の精鋭たちは、各都道府県警に所属する公安警察官たちの中から慎重に選抜された。中でも協力者獲得などに高い実績を挙げた者が選ばれて中野に集まり、徹底的に教育を受けることで育っていった。

江間恒の証言。

「県の四係の人で十分な能力を持った人、たとえばスパイを作ったり、運用したり、それから相当の実績をあげてるということ。それから盗聴の仕事もできるという、それぞれの専門家。で、その人たちの中で目星をつけて訓練するわけです。しかし、気に入らないと思ったらその日に帰しますから。そのぐらい厳しい」

前出の島袋修も訓練を受けた公安警察官の一人だ。

「私は東京・中野にある警察大学校の『警備専科教養講習』で、共産党に対するスパイ活動の重要性を叩き込まれた。（略）講習は二十日間と決して長くはなかったが、内容は非常に濃いものだった。当時いっしょに受講したのは四十名。うち、日共・民青同担当が私を含めて十名、極左担当が十三名、共産党が警察内部に送り込んだスパイを摘発する対◯《マル》班が六名。残り十二名はどういう任務であったのか、今もってわからない。みな二十代後半から三十代後半の屈強な男たちであった」

偽名で講習を受ける

五四年警察法制定時の国会論戦でも一部が明らかにされているが、島袋や公安警察幹部の証言によれば、「サクラ」での教育は徹底的だった。参加者は全員が偽名のまま講習を受け、お互いの正体すら分からぬよう注意を払い、早朝から深夜まで反共の洗脳教育を施され、尾行・張り込みの方法、協力者獲得の極意、あるいは鍵の開け方や盗聴・盗撮など非合法工作の手法までを叩き込まれた。全国の公安警察官が行っている活動を先鋭化し、高度化するための、きわめて徹底した教育だった。

再び江間の証言である。

「その講習はおもしろい。陸軍のねえ、諜報機関があったでしょう。その機関の陸軍少将くらいの階級の人を探しだしましてね、その人に講習してもらうことを頼んだ。手さげカバンのカギのあけ方とか」

江間の「サクラ」経験は発足当初のものだが、一九八一年に「サクラ」の講習を受けた島袋の記述はこうだ。

「講師たちはほとんどが熟年の働き盛りという印象だった。彼らは技術的にも卓越したものを持っていたと思う。とくに写真撮影や録音・盗聴技術の講師たちは、どう見ても普通の警察官ではなかった」

個人責任の原則

〝中野学校〟で教育を受けた公安警察官である「サクラ」部隊は、それぞれの任地でさらに高度な情報収集活動に邁進した。

江間はこう言う。

「府県に大体五、六人ずつの（四係の）部隊でしょう。ま、警視庁あたりだったら五、六人の部隊が、十や二十はある。だいたい五人編成ですよ大体。警部さんが一人いると、その

下に警部補さんが二人いて、その下に巡査部長さんが二人ずついる」（カッコ内筆者注）

1章で紹介した松橋忠光が『わが罪はつねにわが前にあり』の中で述べている愛知県警警備一課長時代の部下だった「サクラ」部隊の活躍ぶりも江間証言と一致する。

「私は愛知県警備第一課長になって、第四係の活動を知り、あまりに〝すばらしい工作ぶり〟に感心するとともに、肌寒さを覚えた。（略）警部補を長として少数の巡査部長と巡査で構成する精鋭な班が数個あり、一人の警部によって統率されて、共産党の中枢部を把握できる強力な体制ができていたこと、共産党の重要な秘密に接近する以上、これらの班員の存在と活動も高度に秘匿しなければならないこと、そして、各班員がそのきびしい任務を遂行するために身心をきたえ、日夜体調をととのえておくことに努力していたこと、をあげておけば充分であろう」

松橋はさらに、部隊の非合法活動の実践について、遠回しながらも触れている。

「過失や事故又は計画にない予想外の事態の発生によって、工作そのものが暴露したり、作業員が共産党や一般市民のほか、場合によってパトロール警官によって逮捕されるようなことも絶無とはいえないわけである。（略）管理者としての私は、少なくとも工作が行なわれているかぎり、辞表を常に用意しておかざるをえないと考えていた。

秘密工作の作業員は『個人責任の原則』を教え込まれていた。暴露されたら、その個人の非行又は犯行として、暴露した限度で、潔く行為の責任を負い、影響が広がるのをそこでくいとめるという原則である。（略）そこまで彼らを錬成した本庁のすごさを思った。こういう工作班員は簡単に養成できるものではない」

幹部が辞表提出を覚悟しなければならないほどの非合法活動。最近も共産党支部に潜入して資料を盗み出した事例を告白している公安警察官が存在する。また公安警察OBからは、身分を隠したまま接触を続けていた党員を言葉巧みに誘い出して知人の女性と不倫関係を持たせ、現場を写真にとって突きつけた上で、半ば脅迫のような形で協力者に仕立て上げたこともあったと打ち明けられたこともある。

中野の警察大学校に本拠を置く「サクラ」部隊は、そんな秘密工作活動を発足以来三〇年以上にわたって延々と、そして水面下で続けてきた。だが一九八六年、組織に大きな転機が訪れる。共産党の緒方国際部長宅盗聴事件の発覚である。

2――共産党幹部宅盗聴事件

暴露された盗聴

東京のターミナル駅・新宿から私鉄電車に揺られて約三〇分。神奈川県と境を接する東京都町田市の玉川学園八丁目周辺は、ところどころに緑が残り、上品な一軒家と低層アパートが数多く立ち並ぶ閑静な住宅街だ。無数に繰り返される上り下りの起伏が激しい斜面に沿って住宅の屋根がきれいに連なっている。

その高台の一角。かつて「メゾン玉川学園」と呼ばれていた二階建てのアパートは、名称こそ変えてしまったものの、正面の空き地に鬱蒼と生い茂る木々に寄り添うように、今も立っている。

アパートというには少々洒落たつくりの「メゾン玉川学園」の二階部分の一室、二〇六号室に不審な数人の男たちが出入りしていたのは一九八五年の夏から翌八六年秋にかけてのことだった。男たちはいずれも神奈川県警警備部公安一課に所属する公安警察官。彼らの〝標的〟は「メゾン玉川学園」から直線距離で一〇〇メートルほど離れた民家で、住んでいたのは当時、共産党の国際部長を務めていた緒方靖夫。課せられていた任務は「電話盗聴」だった。

この盗聴工作は間もなく緒方側の調査によって発覚。東京地検によって突き止められた事実や国家賠償請求訴訟の場なども通じ、「サクラ」を中心とした公安警察の組織的工作だったことが明らかになっている。裁判資料や当時の報道などによって明かされた事実を交えながら工作作業の実態を可能な限り追ってみたいと思う。

プロの手口

神奈川県警警備部公安一課員が「メゾン玉川学園」二階の二〇六号室を借り受けたのは八五年七月のことだった。二〇六号室の賃貸契約書などによれば、賃借名義人は当時、公安一課に所属していた警部補Tの息子で大手電機メーカーの社員。保証人となっていたのは同じ大手電機メーカーの労務対策部門に勤務していた社員Sで、元々は公安一課に所属していた公安警察官だった。さらに、不動産会社に提出する保証人の住民票を取得したのも公安一課所属の巡査部長。家賃や光熱費の振り込みも神奈川県警の間近にある銀行支店から行われていた。

「メゾン玉川学園」二〇六号室を舞台にした公安警察による盗聴が発覚したのは八六年一一月二七日のことだ。電話使用中に雑音や音声の低下があることを不審に思った緒方側はNTT町田局に通報する。ただちに調査したところ、「メゾン玉川学園」前の電柱に取り付けられていた電話端子のうち、緒方宅につながっていた電話ケーブルが引き出され、一本が「メゾン玉川学園」の電話端子の「二〇六」と記された基盤に接続されていた。一種の親子電話のような形式が取られていたとみられている。

電柱に取り付けられていた電話端子は二〇〇回線分もあったにもかかわらず、その中の一本にすぎない緒方宅の電話線が確実に選び出され、アジトとなった二〇六号室に引き込まれていた。この点だけを取っても専門的知識に通じたプロの手口を想起させた。

緒方側の申し出を受け、NTT職員は現場を所轄する警視庁町田署に事実関係を通報した。しかし、到着した町田署員は緒方側から事情を聴くと近所で長時間の電話をし、緒方らに対して「警察は静観する」と言ったきり捜査に乗り出すことを拒否。NTT側が一一月二八日、同署に告発をしたにもかかわらず、これを受け取らず、翌二九日になってようやく受理した。

ところが一二月一日になると突如として実況見分を実施し、大量の〝証拠品〟を持ち帰ってしまう。きわめて不透明な形で行われた見分は証拠隠滅すらうかがわせるものだった。

一方、緒方からの告訴・告発を受けた東京地検は一二月に入り、捜査の担当を公安部から特捜部に移して本格捜査に着手。一二月六日には現場捜索を実施したのに続き、合計数回に及んだ捜索などによって、間もなく盗聴に関与したメンバーとして神奈川県警警備部公安一課所属の現職公安警察官五人の名前が浮上する。

遺留品が語ること

　東京地検特捜部などの調べによれば、二〇六号室の室内には、公安警察による秘密任務が行われていたにしては、あまりに稚拙な証拠品が数多く残されていた。

テープレコーダーにカセットテープ、イヤホンなど盗聴の〝必需品〟はもちろん公安警察官の一人の名前が記された懐中電灯、ミカンなどの果物、ベランダに干してあった洗濯物、冷蔵庫、テレビなど日常的に寝泊まりをしながら工作に励んでいた様子を推測させる生活用品、さらには購読していたサンケイ新聞や雑誌の発行日は、八五年九月から八六年一一月付までが残されており、一年以上にわたって工作に励んでいたこともうかがわれた。

　さらに、出入りしていた公安警察官の一人が自分の田舎で購入したとみられる紳士服カバー、神奈川県警の共済組合の勧誘パンフレット、新聞には指紋まで残され、放置されていたズボンには出入りしていた公安警察官のネームすら縫い込まれていた。中でも、現場に残されていた東京・中野駅前のコーヒー豆専門店の袋は「サクラ」の関与を疑わせる遺留品だった。いやが上にも公安警察の組織的盗聴の疑いは強まった。

「サクラ」にまで及んだ処分

　東京地検特捜部の調べによって現職の公安警察官五人の名前が浮上したのと前後し、警察と検察の間では微妙な綱引きが行われるようになる。

事件について、当時の警察庁長官山田英雄は八七年五月七日の参院予算委員会で「警察は過去も現在も電話盗聴を行ったことはない」と強弁したが、間もなく神奈川県警本部長の中山良雄が辞職、同県警警備部長吉原丈司が総務庁に転出する。

これに続き、警察庁警備局長の三島健二郎が辞職、同公安一課長小田垣祥一郎、さらには「サクラ」を指揮していた公安一課理事官の堀貞行までが配転させられる人事が発令されたのである。

警察庁は当初、国会の場などを通じて「定例の人事異動を早めたもの」と抗弁していたが、後に事実上引責人事だったことを認めるに至る。こうした動きを受け、東京地検は、警察が内々とは言え事実を認めて再犯防止を約束したことを理由の一つとし、五警察官の不起訴、あるいは起訴猶予処分を決定するのである。

当時の検事総長、伊藤榮樹は、その著書『検事総長の回想　秋霜烈日』で、事件をこう回想している。


ここで、たとえ話を一つしよう。よその国の話である。

その国の警察は、清潔かつ能率的であるが、指導者が若いせいか、大義のためには小事にこだわらぬといった空気がある。そんなことから、警察の一部門で、治安維持の完全を期するために、法律に触れる手段を継続的にとってきたが、ある日、これが検察に見つかり、検察は捜査を開始した。

やがて、警察の末端実行部隊が判明した。ここで、この国の検察トップは考えた。末端部隊による実行の裏には、警察のトップ以下の指示ないし許可があるものと思われる。末端の者だけを処罰したのでは、正義に反する。さりとて、これから指揮系統を次第に遡って、次々と検挙してトップにまで至ろうとすれば、問題の部門だけでなく、警察全体が抵抗するだろう。その場合、検察は、警察に勝てるか。どうも必ず勝てるとはいえなさそうだ。勝てたとしても、双方に大きなしこりが残り、治安維持上困った事態になるおそれがある。

それでは、警察のトップに説いてみよう。目的のいかんを問わず、警察活動に違法な手段を取ることは、すべきでないと思わないか。どうしてもそういう手段をとる必要があるのなら、それを可能にする法律を作ったらよかろう、と。

結局、この国では、警察が、違法な手段は今後一切とらないことを誓い、その保障手段も示したところから、事件は、一人の起訴者も出さないで終わってしまった。検察のトップは、これが国民のためにベストな別れであったといっていたそうである。こういうおとぎ話。

組織的盗聴と断罪

東京地検による捜査は、起訴猶予、あるいは不起訴という不透明な結末をたどったが、緒方は一方で、国、神奈川県などを相手に損害賠償請求訴訟を起こした。最初の判決は九四年九月六日に言い渡され、東京地裁は「盗聴は捜査員らによって県警の職務として行われ、警察庁警備局も具体的内容を知りうる立場にあった」とし、賠償を命じた。

国側、緒方側双方が控訴しているが、九七年六月、高裁でも緒方側が勝訴し、国側が上告を断念したことで判決は確定している。

地裁判決は、公安警察による組織的な盗聴を厳しく断罪した。

「被告個人らは東京地検の取り調べを受けた際、指紋を採取されており、K（判決では実名、以下同）およびHの指紋と現場の遺留指紋とが一致するのでないかと強く疑われる状況があるにもかかわらず、何らの反証活動を行っていない。

K、H、Tらの各自の分担行為の細部は証拠上不明であるが、Kらの各行為が個人的動機に基づく独自の行動であったと見ることは到底できないと言うべきであって、同人らによる本件盗聴行為は、神奈川県警察本部警備部公安第一課所属の警察官としての『共産党国際部長である原告の通話内容の盗聴』という目的に向けた組織的な行動の一環であったと推認できる」

技師の証言

法廷では、いくつかの驚くべき事実が明らかにされたが、中でも衝撃的だったのが、一人の技術者の証言だった。補聴器メーカー大手「リオン株式会社」の社員だった丸竹洋三の告白である。

丸竹は早稲田大学を卒業後、リオンに就職。長年にわたって技術者として同社に籍を置いた。丸竹が上司から盗聴器の仕事を持ちかけられたのは入社直後のことだった。

法廷での丸竹の証言。

「(作った盗聴器は) 中野の警察庁へ持っていくと聞かされた」

丸竹は二年ぐらいかけて小型ワイヤレスマイクとFM受信機からなる盗聴器を作り上げ、一〇〇セット以上を警察庁に納入した。丸竹自身が修理のため中野の警察施設内にあった「さくら寮」まで出向いたこともあった。

「(さくら寮に)入ってすぐのがらんとした部屋で机がいくつか並んでいた。石井さんという人に会った。三五歳ぐらいだった。営業の人たちから、この人は昔で言う特高警察みたいなことをやっている人と聞いた。(石井というのは) いっぱい名前はあるけれども、リオン向けには石井と呼んでいるので石井さんと言うようにと言われた」

丸竹が製作した盗聴器が共産党の地方支部で見つかったこともあった。「自分の作ったものだ」──丸竹は確信したという。技術者として自らが製作したものを見間違うはずがなかった。「子供にあったような気がした」──丸竹はそうも語っている。

「サクラ」の指示は「直結」

緒方国際部長宅盗聴事件もまた、明らかに警察庁警備局を頂点とする公安警察による組織的な盗聴工作だった。警察庁警備局長や「サクラ」を統括していた公安一課の裏理事官にまで処分が及んだこと、あるいは伊藤榮樹の回想まで合わせ考えるまでもなく、「サクラ」を中心とした公安警察の性癖を踏まえれば、工作に直接関わった五警察官、あるいは神奈川県警警備部公安一課が単独で、独自の判断で違法行為に手を染めたはずがない。

事前に警察庁警備局公安一課＝「サクラ」による承認を受け、「メゾン玉川学園」二〇六号室のアジト設営から盗聴工作の実施、その方法まで、微に入り細をうがって指示を受け、さらには盗聴内容の報告も、逐一行われたはずである。

かつて公安警察幹部はこう語った。

「神奈川県警警備部の独自判断で、事前承認もなく盗聴などやるはずがない。サクラの指示に決まっている。あの事件で県警の警備部長や本部長が処分されたのは気の毒だ。なぜって、警備部長や本部長なんて盗聴が行われていたことを知らなかったかもしれないから。サクラの指示は通常の指揮命令系統とは全く別の回路で行われる。そういう組織なんだ」

また、別の公安警察官のこんなつぶやきを耳にしたこともある。

「当時の幹部たちは〝地雷〟を踏んだにすぎない。運が悪かった」

一九九九年八月、犯罪捜査において警察の盗聴を認める通信傍受法（盗聴法）が可決、成立した。

この直前、警察庁長官関口祐弘は同法案について記者会見で「こうしたものが認められれば組織犯罪対策上、きわめて有効だ」とし、「新しい手法だから国民のプライバシー保護に配慮しつつ、法の適正な執行と運用に努めたい」などと語っている。しかし、神奈川県警の盗聴事件については、五月二七日の衆院決算行政監視委員会でこう述べただけだった。

「警察としては、盗聴と言われるようなことは過去にも行っておらず、今後も絶対あり得ないと確信している」

3――「サクラ」から「チヨダ」へ

公安一課から警備企画課へ

盗聴事件の発覚によって「サクラ」部隊が被った打撃は小さくはなかった。マスコミや世論による強烈な批判を一身に浴び、闇の背後に埋もれてきたはずの公安警察、それも「サクラ」を統括するキャップである公安一課理事官までが更迭されてからしばらく後、中野の警察大学校にあった「サクラ」の本拠地はひっそりと姿を消した。「情報活動をやっていることが分かった段階で、その情報活動は失敗だ」との言葉どおりと言ってしまうにはあまりにも大きすぎる失敗だった。公安警察にとって、それは菅生事件以来の歴史的な敗北だった。

では今、「サクラ」はなくなったのか。確かに「サクラ」の名称はなくなった。だが、本拠地と名称を変え、今も存在し続けている。ある公安警察官が言う。

「盗聴事件がきっかけだったのは間違いない。あのころから本拠地を霞が関に移した。(警察庁や警視庁がある)担当も警察庁公安一課から警備企画課に変わってね」

「チヨダ」誕生

一九九一年春、警察庁警備局で組織改革が実施された。それまで警備局筆頭課として共産党調査を担当した公安一課が警備局全体の調整や事務作業を引き受ける機能も包含していたが、新たに警備企画課が設置され、局全体の調整、事務作業を引き継いで独立。筆頭課として全国の公安警察に関する制度、運営の企画・調査、さらには局内の総合調整を切り盛りする部門として発足した。

手元に警察庁組織図がある。警備企画課には課長、総合情報分析官、理事官などのポストが並んでいるが、例によって理事官職で組織図に掲載されているのは一名だけだ。実は公安一課＝「サクラ」時代と同様、組織図にも載らないもう一人の理事官が警備企画課に誕生したのである。これもまた例によって、組織図に載っていないとはいえ、それまでキャリア官僚として出世の階段を上ってきた人物が組織図から忽然と名前を消すのだから、関係者は誰もが彼が何の任務に就いたかを知っている。

つまり、かつての「サクラ」は警備局組織改編によって公安一課から警備企画課に横滑りしたにすぎない。今、関係者はこれを「チヨダ」の符号で呼称する。

「やっていることに基本的な違いはない」。多くの公安警察官はそう言う。「サクラ」から「チヨダ」に名前を改めた組織が何をしているのか、いくつかの証言を総合すると、その最大の役割は全国の公安警察による協力者獲得作業に対する指示、管理、統括、そして直轄部隊の機動的運営である。これまで全国の公安警察による協力者獲得作業と直轄部隊運営は全てが「サクラ」によって仕切られてきたが、現在は「チヨダ」によって引き継がれたのである。改めて主な機能を検証すれば以下のとおりだ。

各県警の「協力者対策」を統括

ある都道府県警の公安警察官が運営している協力者に対し、別の都道府県警察が協力者候補としてアプローチしてしまうようなケース。「協力者になるような人物は、どこの県警でも目を付けやすい」とされ、複数のルートによって単一人物にアプローチが施される場合が想定されるが、協力者運営にとっては最悪の齟齬である。ある県警の協力者になっているにもかかわらず別の県警からの接近を受ければ協力者側の不信感は増大する。協力者の統括的運用を「チヨダ」が担うことでこうした齟齬は回避できる。

このため一般の公安警察官が協力者獲得工作に着手する場合、事前に「チヨダ」に申請し、作業を登録することが義務づけられる。許可されると登録番号が付与され、「チヨダ」の指揮下で工作が推進されることになる。

女性や未成年者に対する協力者工作は原則禁止されていると記したが、わけあって着手する場合には「チヨダ」の事前承認を得ねばならない。一定金額を超える多額の報酬を渡すことなども「チヨダ」の事前承認が必要とされる。

身分を偽って工作をしたり、スピード違反など警察業務との取引を工作の材料とする際も、原則として「チヨダ」の事前承認が必要。作業に着手すると協力者獲得の経過は逐一報告がなされ、中でも説得段階に入ると「チヨダ」との綿密なやりとりが行われる。

また、協力者からの「情報」と協力者の「運営」を分離することで、協力者運営における恣意性と情緒性を排除することも「チヨダ」の目的だという。

すでに記したように協力者からもたらされた情報を事件化することを決断したことにより、協力者を切らねばならなくなった場合、協力者としての重要性を「チヨダ」が判断、一方で情報自体の価値や事件としての重要性を公安各課が判断し、双方を分離して上層部に報告が上がるシステムが生み出される。これによって、協力者を切ってでも検挙する事件か、あるいは協力者の継続運用を優先すべきか、政治的判断時において上層部に到達する情報のバイアスを排除することができる。

人事権も掌握

全国の都道府県警に所属する「チヨダ」部隊の人事問題も大きなテーマの一つだ。公安警察といえども警察機構の一端に存在する以上、一般警察の人事と無縁ではいられない。ましてや建て前上、各都道府県警所属の職員(警視以下)に対する人事権は警察庁にはない。だが実体上は「チヨダ」に関しては別運用がなされ、人事権すら行使しているのが現実という。

例えば、重要な協力者獲得作業を進行中の係員に突然異動が発令されたらどうなるか。微妙な駆け引きの中で潜行して推進される工作作業は、簡単に別の係員に引き継ぐことなどできはせず、長い時間とカネをかけた作業が水泡に帰してしまう可能性が高い。

かつて「サクラ」所属の公安警察官にかかる人事は「警察庁事前承認事項」とされていた。現在は「事前協議事項」に格下げとなっているが、事実上は事前承認と同等レベルでの運用がなされ、各都道府県所属の警察官といえども「チヨダ」が人事権を掌握しており、無断で配置転換することは不可能だと言う。公安警察に関する限り、自治体警察という建て前がいかに実態とかけ離れているかがうかがい知れる。

警察内といえども厳密な秘匿下におかれた公安警察の実態を関知していない幹部も多い。公安警察官の活動に理解を示さなかったり、あるいは公安警察に対する知識の欠如から知らずに係員を異動させてしまうケースも少なくない。

ある県警の警備部幹部にはこんな経験がある。県警の人事部門が幹部や警察庁に対して何の相談も施さないまま、重要な協力者の運営を続けている所属公安警察官の異動を決めてしまったというのだ。

「人事部門に怒鳴り込んで異動は撤回させた」

幹部はそう言って笑う。

もちろん「チヨダ」係員が当該都道府県警の本部長や警備部長の指揮下に入っていないわけではない。だが、本部長や警備部長の経歴によって部隊把握度に濃淡の差が生じているのは事実だという。公安部門を歴任した本部長がトップとして君臨すれば、トップ自らが配下のチヨダ部隊員の実態を把握しようとつとめるであろうし、係員からも情報が必然的に上がるようになる。だが、実態を知らない本部長や上司だったら情報は「チヨダ」＝警察庁警備局との直接回路の中でやりとりされるだけで、係員側は本部長らに対し逐一報告などしなくなる。「いちいち心配を掛けることはない」――某県警の「チヨダ」係員は淡々と言い放った。

裏理事官の顔ぶれ

過去の「サクラ」あるいは「チヨダ」のキャップ＝裏理事官にはどのような人物が名を連ねているのか。既述のとおり裏理事官に就任するのは全てがキャリアの警察官僚である。

就任時期はいずれも四〇歳前後の警視正クラス。入庁から一五年前後の働き盛りの警視正クラスが当てられる。

最近で最も著名な裏理事官経験者は衆院議員の亀井静香だろう。亀井は「サクラ」時代の裏理事官として全国の部隊を指揮した。その後は北海道警本部長、警察庁警備局長などを歴任した伊達興治、オウム事件の際の警視庁刑事部長で神奈川県警本部長などを経験した石川重明、そしてすでに紹介した堀貞行は盗聴事件発覚時の裏理事官で、その後茨城県警本部長などに就いた。

盗聴事件後、「チヨダ」として生まれ変わってからも一年から二年程度で担当者が交代しているが、いずれも警察官僚のエース、準エースクラスの人材が配されている。協力者の運営という公安警察にとって最も秘匿度の高い活動を指揮する以上、当然なのかもしれない。またキャップの下で事務を執る課員の多くは全国都道府県警からの出向者だが、彼らにも強い保秘意識が求められる。

「任期を終えれば全国で運用する協力者の概要を把握するようになる以上、当然だろう」

ある公安警察幹部は、そう言う。

4――政治との距離

「カード作成」対象者

左翼の暴力革命から国の治安を守る――。これを組織の至上命題としている公安警察にとって、中央官庁や基幹産業内部にいる共産党員や左翼団体メンバーは、きわめて危険な存在としてその視野に投影される。

一九六七年四月に改正された警視庁の「警備公安資料整理要綱」では、公務員のほかに次のような対象を重要基幹産業として指定し、注意を払うよう指示している(広中俊雄『警備公安警察の研究』)。

電気関係では東京電力、日本原子力発電など。マスコミでは政党機関紙誌やスポーツ紙を除く新聞通信事業・専門書籍を除く出版事業。特殊産業としては日本原子力研究、KDDなど。交通運輸では帝都高速度交通営団、東急電鉄・京王電鉄など各私鉄、JALやANAなどの航空会社。運輸事業では日本通運など。鉄鋼関係では八幡製鉄、日本鋼管、石川島播磨重工、三菱重工など。金属関係として日立製作所、東芝、NEC、ソニー、松下電産、三菱電機など。金融機関では国民金融公庫や農林中金など政府出資による公庫、金庫。中央銀行、都銀、地銀などの市中銀行、信金。生保・損保会社。

こうした産業内の共産党員は、たとえ末端の職員であろうが公安警察内で保存される資料用の「カード作成」対象者とされた。

基幹産業ばかりではない。「学者、文化人、報道関係対象者で、B級（都道府県内で影響を及ぼす共産党員）以上に格付するもの」としては大学教授、助教授、講師のほか、著名な作家、評論家、随筆家、映画、演劇関係者、弁護士、医師、薬剤師、社会的に名声のある会社役員、新聞・出版関係の編集、論説、取材、報道部門の管理者までが指定されている。

当然、公安警察にとって基幹産業内の左翼分子は究極的には排除されねばならない対象として存在する。

官庁の共産党員を徹底調査

こんなことがあった。今から数年前の話だ。「チヨダ」部隊を中心とし、公安警察が中央省庁の官僚や全国の有力自治体の幹部公務員の中における共産党員の実態について大規模な調査に乗り出した。結果は公安警察にとっては〝驚愕〟すべきものだった。いくつかの中央省庁や有力自治体の中枢幹部に共産党員がいることが判明したばかりか、党員らは官庁の壁を超え、定期的に都内某所で集会を持っていた。集まってくる官僚たちは用心深く尾行をまき、きわめて秘密裏に集会を営んでいた。参加者の中には某中央官庁の局長候補と目されている人物までが含まれていた。

「チヨダ」は集会に出入りする官僚らを昼夜にわたって追尾し、動向を洗い出し、周辺、交友関係に対する徹底した調査を実施した。中には係員によって不倫関係の女性と密会している現場を押さえられ、写真を撮影されたものもいた。

「チヨダ」による作業の成果は間もなくあらわれた。情報は非公式のチャンネルによって当該の官庁に伝えられたのだろう。幹部候補と目されていた官僚は出世の階段から外れていった。愛人との密会写真が本人に突きつけられたかどうか、そこまでは分からない。

もう一つの「エリートチーム」

ところで警視庁では、かつて「チヨダ」以外にも優秀な公安警察官が集中した重要セクションが存在した。警察官の不祥事を内部で調べ上げる人事一課の監察チームである。

尾行や張り込みを日常的にこなしている捜査のプロを相手に追尾し、身辺情報を集める以上、当然ながらその情報収集技術は極度に高度なレベルを要求される。通常は一つの班が三人でチームを組み、指示に基づいて極秘裏に対象警察官の身辺を徹底的に調べる。同じようなチームが数班あるが、互いの班が誰を調べているか、詮索しないのが原則だ。

ある公安警察ＯＢは監察チーム在籍時、現職の警視庁副総監の身辺を調べたことすらある。副総監に部下の女性警察官との不倫の噂があったからだった。調査の結果、不倫が事実だったことが確認されると、女性警官は静かに職場を去った。

警視庁にとってみれば〝上級官庁〟である警察庁職員の身辺調べをも警視庁監察チームが請け負って担当する。それだけに、かつての警視庁監察チームはほとんどが所轄署の公安部門の顔の知られていない若手などから選抜された追尾のプロばかりだった。ところが近年、メンバーは刑事部門からも選抜されるようになり、公安警察官からは「寄り合い所帯になって質が大きく低下した」との愚痴も漏れている。最近では捜査情報の漏洩をめぐり、情報源を突き止めるため、監察チームがあるジャーナリストを追尾していたところ、発覚してもめ事になる騒ぎもあった。ある公安警察官によれば「昔なら信じられない失敗。質の落ちた稚拙な追尾が原因」という。

代議士との癒着

公安警察という組織が、きわめて政治的な思想取り締まりに近い情報収集活動をしている以上、政界とのつながりも必然的に生じる。前出の江間恒はこう証言している。

「だから元警察庁長官という、あいつらが大きな顔のできる理由はなにかというと、その情報でしょう」

警察に集められる情報は凄まじい量に上る。中でも公安警察が担う部分は大きい。この情報と権力をバックに屹立させることができれば、その威光もまた強大なものになるだろう。個別には名前を挙げないが、現実に警察官僚出身の代議士、あるいはさまざまな経緯から警察に強い影響力を持つ代議士の剛腕ぶりと警察情報が無縁であるとは思えない。

それは末端の代議士においても、規模の大小はあれ、同様らしい。公安警察の本旨が「体制の擁護者」である以上、その根は深く、密度が高いのも当然だが、本書で詳細に触れる余裕はない。島袋修のこんな記述を挙げるにとどめる。

「情報は、大物政治家や警察ＯＢの代議士に流れているというのが、仲間うちでの公然の秘密であった。元来、秘密のベールに包まれているはずの『第四係』の懇親会終了後に自民党選出の国会議員が顔を見せるというのも、警察と自民党との癒着を物語るものであろう」（『封印の公安警察』）

5——戦後の公安事件簿

企業連続爆破事件の犯行前に
東アジア反日武装戦線〈狼〉が発行した
「爆弾教本」の『腹腹時計』

1――右翼と外事

体制側の〝憲兵〟

戦後の右翼勢力は、その存在意義である「国体護持」とともに「反共」を力の最大集約点として活動を繰り広げてきた。「反共」こそが戦後右翼を支える柱であり、それ故に自民党、あるいは体制側の〝憲兵〟としての役割を果たすことも多かった。

ロッキード事件で逮捕された児玉誉士夫はその代表的存在と言えよう。一九一一年、福島県に生まれた児玉は一九二八年ごろから右翼運動に入り、第二次大戦勃発後は大陸に渡って海軍特務機関「児玉機関」を主宰。諜報謀略活動に没入し、戦後はA級戦犯として収監されたが、一九四八年になって釈放された。

かつて「右翼の六割を握っている」と語ったという児玉は釈放後、大陸で集めた資金と政界への強いパイプを駆使して闇の世界を駆け上がった。政界と暴力団、右翼団体、あるいは財界までをもつなぐフィクサーとして権勢を誇り、ある意味において戦後右翼を象徴する存在だった。一九六〇年に予定されていた米大統領アイゼンハワー来日計画では、警察の警備の不足を右翼によって補おうとした首相・岸信介が自民党幹事長川島正次郎を通じて児玉に働きかけ、児玉は警察当局と打ち合わせて計画を練ったとも言われる。また七〇年安保闘争を目前に控えた一九六八年一月一九日、佐世保に原子力空母エンタープライズが入港すると、左翼陣営が激しい反対闘争を繰り広げたのに対し、児玉らは「エンタープライズ入港歓迎」を訴えて現地入りした。

安保闘争を機軸に運動を展開して高揚した左翼陣営に対し、「自民党、財界、右翼は連合して革新に対決した」（堀幸雄『増補　戦後の右翼勢力』）という状況だったし、「『反共』でさえあれば自民党でも任侠でも警察でも仲間だという方向に進んでしまう」（鈴木邦男『新右翼　民族派の歴史と現在』）のが戦後右翼勢力の現実だった。

右翼と公安警察

それ故に、公安警察にとって戦後の右翼は、時に思いがけぬほど過激なテロ行為に走る治安紊乱の要因であると同時に、公安警察官たちがさほどの思想的齟齬をきたさずに、言葉を換えれば、一定の共感すら持って情報収集にあたれる対象でもあった。

時には右翼団体主催の集会に右翼担当の公安警察官が入り込んでもほとんど問題にならなかったし、団体事務所に日常的に公安警察官が出入りすることもあった。街宣車の窓から身を乗り出す右翼団体メンバーと公安警察官が親しげに話している様子を目にすることも珍しくはない。それが右翼団体に対する公安警察の情報収集の形態だった。

例えば、公安警察内で右翼を担当する実働部門の中枢、警視庁公安部公安三課に所属する公安警察官の最大の任務は、何よりも事前にテロ情報を認知し、「何かやる」とほのめかす右翼団体に行動を思いとどまらせることだった。事件を起こされてしまっては〝負け〟とも言えるわけだが、右翼による事件は現行犯で逮捕されることがほとんどだったし、戦後の右翼テロは2章でも触れた浅沼社会党委員長刺殺事件、「風流夢譚」事件などの例を挙げるまでもなく、多くが単発のテロ事件だった。左翼と右翼によるテロの違いについて新右翼団体「一水会」代表の鈴木邦男が簡潔に記している。

「三島（由紀夫）にしろ過去の右翼テロリストにしろ、自分は逃げ隠れせずに堂々と出てゆき、言うべきことを言い、行動を起こし、その責任は自分で取って自刃する。これほど潔く、堂々としていることはない」（前出・同）

闇夜に乗じた発砲事件にしても、多くは公安警察と右翼との間で交渉が持たれ、互いの面子をつぶさない形で〝解決〟が図られた。刑事部における暴力団捜査ときわめて類似した業務と言えよう。

だが、例外がないわけではない。古くは一九六一年一二月、戦後唯一のクーデター未遂事件が警視庁によって摘発されている。

三無事件

事件は造船会社「川南工業」の元社長、川南豊作を中心とし、元海軍中尉三上卓、元陸軍少将桜井徳太郎ら旧軍人、学生らのグループによって企てられた。ライフルや軽機関銃で武装した川南工業の従業員らが国会に乱入した後、社会党などの議員を殺害して〝臨時政府〟を樹立する計画だった。川南が全般の企画や資金調達などを、他のメンバーが自衛隊への協力工作などを担当する予定だったが、同年一二月一二日、警視庁公安部によって計画段階で摘発された。

検挙のきっかけを当時警視総監だった原文兵衛はこう記している。

「捜査は昭和三六（一九六一）年九月ごろ警視庁公安部が得た『歴史研究グループが自衛隊の一部幹部と共謀してクーデターを計画している（略）』という情報によって開始された。公安部の捜査官は彼らの会合場所に張り込んだり、彼らの会談内容を録音テープにとったりして、苦心の結果次第にその全容を明らかにしていった」（『元警視総監の体験的昭和史』）

当時の警視庁公安部長は秦野章だった。原文兵衛はまた、こんな感想も記している。

「クーデター計画としては幼稚、未熟、武器の入手や動員計画も杜撰（略）。しかし、実行されていたら、クーデターとしては成功しなくても、要人の死傷という犠牲者の出る可能

性は十分にあるのであって、計画を未遂に終わらせることができたのは、たいへんよかったと思っている」（同）

新右翼の勃興

体制の〝憲兵〟同士のなれ合い——そんな風情の強かった右翼運動と公安警察の在り方に一定の変革をもたらしたのが「新右翼」の勃興だった。「反共」ゆえに「親米」に転化し、自民党政府や財界と密接な関係を有していた既存右翼に対し、「反米」を鮮明にして登場したのが新右翼だった。現在では一九七〇年に作家三島由紀夫が自衛隊決起を訴えて市ケ谷駐屯地で自害したことなどを契機に結成された「一水会」などが代表的な新右翼団体であり、既存右翼との最大の相違点は戦後の世界秩序を「ヤルタ・ポツダム体制」と位置づけ、反米・民族主義を訴えた点にあった。

反共から脱却したが故に、新右翼は反権力、反体制色を強め、旧来の団体に比すると公安警察との対決姿勢が強まったのも特色だった。テロ対象も社共両党を始めとする左翼勢力を中心とするものから、保守政界、財界へと角度を広げた。

一九七七年三月三日午後四時過ぎ、大悲会会長野村秋介、森田忠明ら四人が東京・大手町の経団連会館七階の会長室に散弾銃や日本刀を持って立て籠もる事件を引き起こした。

これを鈴木邦男は「新右翼初の武装闘争」と位置づけている。

その後も八七年一月に大悲会などの三人が東京・杉並の住友不動産会長宅に乱入し「地上げで国民を食い物にしている」と訴えて夫人を一時監禁する事件なども発生している。

現在、警視庁公安三課の人員は約二〇〇人とされ、旧来型の右翼団体担当と新右翼団体担当の係は分離され、双方が情報収集を行っている。

しかし公安警察内部では、新左翼を担当する警視庁公安一課内の特殊チームが特命を受けて右翼メンバーの監視にあたることもあるようで、最近では九三年一〇月五日、右翼団体メンバーの男が日本刀を持って外務省に侵入しようとして取り押さえられた事件では、この男を公安一課の特殊チームが一ヵ月以上も視察や行動確認を行っていたほか、九三年一一月に出版社宝島社本社や文藝春秋社長宅に対する発砲事件を引き起こした右翼団体代表に対しても、同じチームが自宅や事務所前に視察拠点を設置し、二四時間体制で尾行を続けていたことが確認されている。「チヨダ」の特命を受けての行動だったとみられ、このあたりにも公安警察の表の顔と裏の顔の乖離が漏出していると言えよう。

さて、新右翼団体も含めた右翼勢力のいずれによる犯行とも断定されていない以上、ここで触れるのは適当ではないのかもしれない。だが一九八七年に発生した朝日新聞阪神支局襲撃事件を始めとする一連の朝日新聞社襲撃事件は右翼担当の公安警察官にとって今も重要課題に位置づけられるテーマである。

同年五月三日夜、目出し帽を被った男が同社阪神支局二階の編集室に侵入して散弾銃を発射し、当時二九歳だった小尻知博記者が死亡、もう一人の記者が重傷を負った事件は、直後に「赤報隊」名で犯行声明が発せられた。これと前後して八七年一月には東京の同社東京本社に、九月二四日には名古屋本社の寮の食堂内で散弾銃を発射する事件が発生。翌八八年三月には、静岡支局に時限式爆弾が仕掛けられる事件が起きた。

八八年八月一一日にはリクルート社元会長の江副浩正宅玄関にも散弾銃が撃ち込まれ、いずれも犯行後に「赤報隊」あるいは「日本民族独立義勇軍別働赤報隊一同」などの名で犯行声明が発せられたほか、散弾銃使用事件では米国レミントン社製のレミントンピータース7・5号弾と呼ばれる弾丸が発射された事実や、犯行声明に使われたワープロも同種のものだった可能性が高いことなどから警察庁は五件の事件を広域重要一一六号事件に指定し、捜査に乗り出した。

関係都道府県警の刑事、公安両部門が今も捜査を継続中で、八一年から八三年にかけて朝日新聞やソ連領事館などに対して起こされたゲリラ事件時に「日本民族独立義勇軍」名で新右翼団体機関紙に犯行声明が掲載されたことなどから、捜査の目は新右翼系団体に集中。九七年にも事件一〇年目を期に、警視庁、兵庫県警などが新右翼団体メンバー約一〇人を対象として徹底した視察を行ったが、解決には至らず真相は今も不明のままだ。

外事警察

さて、ここで公安警察の一部門である外事警察についてもごく簡単に触れておこう。外事警察の中枢は警察庁警備局の外事課であり、手足となるのは警視庁公安部の外事一、二課を筆頭とする全国都道府県警の外事課である。

「主として外国人にかかる、又は外国のためにする国の公安もしくは利益に関わる犯罪の取り締まり並びに在日外国人の各種社会運動に伴う不法事案の取り締まりを行う」とされる外事警察にとって、最大の目的は「スパイ摘発」であり、同種事案として精密機器などの不正輸出事件なども重要テーマに位置づけられている。だがスパイ行為を直接取り締まる法令は日本になく、窃盗や外為法、外登法など別件での捜査が進められてきた。

それでも東西冷戦構造下では、数多くの「スパイ事件」が摘発されている。旧ソ連関係のごく一部のみを挙げれば、古くは在日ソ連通商代表部二等書記官ユーリ・A・ラストボロフが外務省などの事務官を通じて情報収集を行っていたとされる事件（ラストボロフ事件）を一九五四年、警視庁が摘発している。また一九八〇年、在日ソ連大使館付の武官コズロフらの工作を受け、陸上自衛隊の元陸将補が謝礼と引き替えにかつての部下から入手した資料を流していた事件が発覚している。

だが東西冷戦が終焉を迎えた近年、その動きは停滞気味だ。旧ソ連や東欧を守備範囲とする警視庁外事一課が九七年七月、失踪した日本人になりすまして旧ソ連時代から三〇年以上も日本国内で情報収集にあたっていたアジア系ロシア人の摘発に乗り出すなど最近も数件の事件が発覚しているが、近年は不法就労イラン人対策までを外事警察が手掛け、かつてキャリアの警察官僚の指定席だった同課の課長ポストはノンキャリアが座っている。

変わって現在は、朝鮮半島や中国を担当する外事二課長にキャリアが着任。九九年には外事二課を中心に五〇人程度で「北朝鮮プロジェクト」と呼ばれるチームも発足し、公安警察内でも重要視されている北朝鮮関連の情報をスムーズに警察庁へと吸い上げる体制が取られるようになった。また詳細は不明だが、東京・日野市には北朝鮮などが発する無線傍受を専門に行う「ヤマ」と呼ばれる極秘部隊も存在するという。一方、朝鮮総連に対しては、公安警察の基本作業、特に協力者工作が盛んに実施されている。これは公安調査庁も同様であり、朝鮮総連を通じた北朝鮮情勢の把握、及び団体の動向確認を視野に入れている。

一九九八年三月には警視庁公安部に外事特別捜査隊という新部門も発足している。人員は約七〇人で、配下に置かれているのは三つの班。狙いは相次ぐ中国からの密航者と中国の密航斡旋組織「蛇頭」である。

中国からの密入国者を対象にした警視庁公安部の動向としては、八九年五月、警察庁の指示に基づき同部外事二課を事務局として、公安、刑事部などで構成する「偽装難民対策班」を置いたことがあったが、密入国に的を絞った外事特捜隊設置は全国でも初めての試みだった。密入国斡旋組織の捜査に公安警察が乗り出す以上、目的はもちろん「蛇頭」の組織解明となるが、「人員の問題もあり、現実には難しい」(公安部関係者)のが現状のようだ。

さて、外事警察が関わった事件ではかつて、その捜査が政治と国境の壁によって挫折に追い込まれた事件があった。今や韓国の大統領となった金大中の拉致事件である。

金大中拉致事件

事件が起きたのは一九七三年八月八日のことだった。この二年前に実施された韓国大統領選で軍事独裁政権という悪条件下で善戦し、大統領朴正熙からは最大の政敵とみなされていた韓国野党の若き指導者・金大中は当時、東京・高田馬場に事務所を構え、日本で韓国の民主化を訴える運動を続けていた。そんな金大中が飯田橋のホテル・グランドパレスから突如、拉致されたのである。

ホテルの部屋から出たところを五、六人の男に拉致された金大中は車に乗せられて高速道をひた走った後、いったんビル内に連れ込まれて船に乗せられた。当初、船から海中に投げ込んで殺害する予定だったとみられる計画は変更され、拉致から五日後の八月一三日夜、ソウルの自宅近くで解放された。

日本では警視庁公安部が外事二課を中心として捜査に着手。現場の遺留指紋などから犯行グループの一員として、当時の在日韓国大使館一等書記官でＫＣＩＡ（韓国中央情報部）の工作要員・金東雲が浮上した。公安部は九月五日、韓国大使館を通じて金東雲に出頭を求めたが、本人がすでに帰国していた上、韓国側が拒否したため捜査は暗礁に乗り上げた。

事件は田中角栄時代に韓国首相金鍾泌が来日して陳謝するなど田中、三木武夫の両首相時代に日韓両政府間で二度にわたる〝政治決着〟が図られ、八三年には警視庁公安部の捜査本部は事実上解散。今も建て前上、数人の捜査員を充てて継続捜査の体制を取ってはいるものの、他の事件との兼任で専従員はおらず、捜査は実態上は終了したと言ってよいだろう。

結局のところ、公安部の捜査は政治と国境の厚い壁に阻まれた。

ＫＣＩＡの組織犯罪

九八年二月一九日、韓国の有力紙「東亜日報」は同日付の紙面で、事件が韓国中央情報部（ＫＣＩＡ）による組織的犯行だったことを示す文書の存在を記事にした。文書は七九年三月付の「ＫＴ工作要員実態調査」（ＫＴは金大中のイニシャル）。金大中を東京で拉致してソウルへ移送するまでの要員や船員の氏名や役割が細かく記されていた。

それによれば、犯行の中心人物はＫＣＩＡ部長李厚洛、同次長補李哲熙らＫＣＩＡ幹部で、駐日韓国大使館幹部が日本での作戦の責任者だった。ホテル・グランドパレスで直接拉致したのは同大使館付の一等書記官らＫＣＩＡ要員。文書は拉致作戦を八段階に分けてそれぞれの関与者までを明記していた。

同じ紙面で「東亜日報」は当時のＫＣＩＡ次長補李哲熙とのインタビュー記事を掲載。李哲熙は「事件は七三年春、李厚洛が『金大中を無条件に韓国に連れてこい』と指示したことによりＫＣＩＡ海外工作チームが行った。国民に心から謝罪する。再び情報部職員が政治工作に利用されてはだめだと考え、証言する」と述べたことを伝えた。

国家が異なるとはいえ、体制の庇護者としての治安・情報機関が政治工作の極限において噴出させる異常行動の性癖を感じさせる事件だった。

2——先鋭化した左翼闘争

赤軍派

六〇年安保闘争、三派全学連による砂川、羽田、佐世保闘争、ベトナム反戦闘争などを通じて左翼闘争の中心を担った学生運動は、一九六八年から六九年にかけての全共闘運動によって、再び大きなうねりと広がりを見せた。非党派の学生が広範に蜂起した全共闘運動は六八年のピーク時、全国の大学の八割が紛争状態に突入し、約七〇校がバリケード封鎖される事態を現出させた。

中でも代表的だったのが東大、日大における闘争だった。登録医やインターン制度など医学部での教育研究改革問題を発火点とした東大闘争では、一九六八年一〇月一二日に全学で無期限ストに突入して闘争はエスカレート。入学試験も中止となり、翌六九年一月一八日に大学側の要請によって八五〇〇人の機動隊員が学内に入ると東大安田講堂を占拠した学生との攻防が約三五時間にわたって続いた。だが圧倒的な警察力によって一九日夜に鎮圧、三〇〇人以上の学生らが逮捕された。日大において大規模に展開された闘争も一時は大きな盛り上がりを見せたが、結局のところ着実に鎮圧されていった。

2章で記したとおり、このころまでには公安警察、機動隊を含めた警察力はきわめて強大に整備されていた。圧倒的な力によって封圧された全共闘運動、そして七〇年安保闘争の終結後、新左翼各セクトの活動は、押しつけられる力の強さによって行き所を失った熱圧が所々で激しい蒸気とともに破裂するように、一部が先鋭化し、過激化していった。その究極型が赤軍派だった。

よど号ハイジャックと浅間山荘事件

一九六九年九月五日。共産同赤軍派はこの日、東京・日比谷野外音楽堂で開かれた全国全共闘連合結成集会に突如出現した。関西を中心とする武闘派メンバーによって構成された赤軍派は「早急に軍を組織し、銃や爆弾で武装蜂起しなければならない」と訴え、武器の奪取などを目的に交番を襲撃する作戦を展開。その過激さ故に公安警察の目を引いた。

首相官邸襲撃計画を立案した同派は、同年一一月三日から大菩薩峠に五三人のメンバーを集結させて軍事訓練に入ったが、二日後の一一月五日、警視庁などによって一斉摘発された。赤軍派動向の調査指示を受けた公安警察が大菩薩峠に向かったメンバーを尾行した結果、摘発に結びついたとみられている。

創立直後の大量逮捕で大打撃を受けた赤軍派は続く翌七〇年三月、日本初のハイジャック事件を引き起こして世の注目を浴びる。三月三一日午前七時三〇分過ぎ、同派軍事委員長だった田宮高麿ら九人のメンバーは富士山上空を飛行中の羽田発福岡行き日本航空三五一便、ボーイング七二七型機「よど号」をハイジャック。日本刀などで武装して北朝鮮行きを機長に指示し、四月三日に平壌入りした。

事件直前の三月一五日。赤軍派議長、塩見孝也を逮捕した際、塩見らが所持していた手帳に「H・J」の文字があったが、公安警察はそれがハイジャック計画を意味するとまでは読みとれなかった。

国内に残った赤軍派はさらに過激さを増した。森恒夫、坂東国男らを中心とするメンバーは一九七一年三月から六月にかけ、闘争資金を集めるため郵便局などを次々と襲撃するM(money)作戦を敢行。宮城県泉市(現仙台市)や横浜市で銀行などを襲って現金を強奪し、六月一七日には東京・明治公園で開かれた沖縄返還協定調印阻止集会で機動隊員三〇人が重軽傷を負う対人爆弾ゲリラも発生した。

一方、赤軍派と同様に活動を先鋭化させたのが、永田洋子、坂口弘らを中心とし、京浜工業地帯の労働者、学生らによって構成された「京浜安保共闘」だった。結成直後から交番襲撃など過激な闘争を繰り広げた京浜安保共闘は一九七一年二月一七日、栃木県真岡《もおか》市の銃砲店を襲撃して銃や弾丸などを強奪。M作戦によって資金を集めた赤軍派と、銃砲店襲撃によって武器を入手した京浜安保共闘が組織合同して連合赤軍が結成されたのは同年七月一五日のことだった。

連合赤軍が山岳アジトで初の合同軍事訓練を実施したのは同年の一二月二日。実施場所は山梨県新倉だった。その後、メンバーは猟銃やダイナマイト、火薬などの物資を携えて群馬県榛名山に集結。情報をキャッチして大々的な捜索を展開しながら追いすがる群馬県警などから逃げる間、メンバー一二人を〝総括〟と称し殺害して遺体を雑木林などに埋めるという陰惨なリンチ殺人を繰り返しながら群馬県妙義山へと移動した。

七二年二月一七日には資金調達などのために東京へ戻った京浜安保共闘、赤軍派双方のトップ永田洋子、森恒夫が妙義山アジトへと帰る途中で捕捉され逮捕される。だが残る九人のメンバーのうち軽井沢駅で発見された四人を除く五人は二月一九日、軽井沢レイクニュータウン内の河合楽器保養所「浅間山荘」に人質を取って籠城。包囲した機動隊とライフル銃などで一〇日間の銃撃戦を繰り広げた末、逮捕された。

権力の敵から国民の敵へ

一九七一年は爆弾闘争の年だったと言ってもよい。連合赤軍が山中で軍事訓練とリンチ殺人を繰り広げていた時期にあたる同年一二月一八日には警視庁警務部長宅に届けられた小包爆弾が爆発し、警務部長夫人が死亡。クリスマスの同月二四日には新宿・伊勢丹デパート前の追分派出所横に仕掛けられたクリスマスツリー爆弾が爆発し、警官二人と通行人一〇人が重軽傷を負う事件も発生した。

いずれも急進的アナキストグループによる犯行だったが、爆弾事件の頻発を受けて警視庁は警視総監を総本部長とする「極左暴力取締総本部」を設置、公安部は総人員の約半数を本部に投入してアパートに対する徹底的なローラー作戦に乗り出した。

七一年から七二年にかけて公安警察をはじめとする警察組織が必死で推進していたのが「コミュニティー・リレーションズ（CR）作戦」だった。警察による一種の地域住民対策で、警察対学生、あるいは左翼運動――の図式の中で、比較的冷淡だった住民の警察に対する意識を転換させて、〝味方〟に引き寄せ、積極的な情報提供を呼び掛ける狙いが込められていた。警察による一種の地域相互監視装置の構築作業とも言えるだろう。

「アパートローラー作戦、〝あなたのとなりにも爆弾犯〟という大量ポスター作戦、〝この顔にピンときたら一一〇番〟というTVスポットによる〝過激派〟お茶の間手配、etc。これらはその具体的戦術だった」（滝川洋『過激派壊滅作戦』）

警察によるCR作戦は徐々に効果を上げていった。そして相次いだ爆弾事件、あるいは怒濤のように発生した過激事件に手を焼き、一時的には混乱した公安警察だったが、結局のところは完全に整備され、強化されていた組織をフル回転させたことによって短期間での押さえ込みに成功した。

当時、公安警察は強引な捜査で日石本館地下郵便局爆破事件、警視庁警務部長宅爆破事件などの〝犯人〟を検挙。後日次々と無罪判決が下され、その捜査手法に批判が集まったが、逆に先鋭化したことによって運動の広がりを欠くことになった左翼運動は、ハイジャックなどによって外部へと活路を見出し、内に向かってはリンチ殺人、内ゲバへと内向性を強めた。「この結果、権力の敵であったはずの〝過激派〟が、国民の敵になってしまった。(略)この権力の敵から国民の敵への図式が完成されたのが、七二年二月の軽井沢あさま山荘事件だった」(前出・同)のである。

日本赤軍

一九七一年二月、赤軍派中央委員で明大闘争の活動家だった重信房子と京大工学部の奥平剛士は日本を出国し、パレスチナに入った。現地で重信らはPFLP(パレスチナ解放人民戦線)の庇護の下で日本赤軍を結成。一九七二年五月三〇日午後、パリ発のエールフランス機でイスラエル・テルアビブ空港に到着した奥平と鹿児島大の岡本公三、安田安之が空港ロビーで自動小銃を乱射し、一〇〇人近くの死傷者を出す事件を引き起こす。

日本赤軍はその後、七三年七月二〇日にオランダ上空でパリ発東京行き日航機を乗っ取るハイジャック事件を敢行。翌七四年一月三一日にも日本赤軍とパレスチナゲリラの混成部隊がシンガポール島南西の石油タンクを爆破し、フェリーボートを強奪して立て籠もった。直後の二月六日には在クウェート日本大使館をパレスチナゲリラが占拠し、日本赤軍メンバー二人の送還を要求。日本政府はこれに応じ、日航機でメンバーを南イエメンに運んだ。

さらに同年九月一三日、オランダ・ハーグで拳銃で武装した日本赤軍メンバーがフランス大使館を占拠。パリ当局に収監中の別のメンバーを奪還し、オランダから現金三〇万ドルを奪い取ってリビアに投降した。以後も次々と世界各地でテロを引き起こした日本赤軍は、日本初の本格的な「国際テロ組織」だった。

奇妙なことに、警察内部には〝重信ファン〟としか言いようのない公安警察官が少なからず存在する。国内において先鋭化し、陰鬱に内向化していった赤軍派や他の新左翼セクトに比して、パレスチナに渡って結成された日本赤軍、中でも重信房子というシンボル的な女性闘士に、理想と姿勢を変節しない自由で叙情的な雰囲気を感じるからだろうか。

日本赤軍の追跡作業は警察庁警備局でも外事課の国際テロ対策室を中心として続けられている。担当者らはメンバーのわずかな足取りを追って時に世界中を飛び回る。

「重信は大したものだ」「他の奴らとは違う」「いつか俺が取り調べるんだ」――そんなセ

リフを警察庁や警視庁公安部の日本赤軍担当者の何人かは、隠しもせず口にする。

連続企業爆破事件

さて、国内においては七四年、左翼先鋭化による究極の一形態というべきグループが出現する。同年から七五年にかけて連続企業爆破事件を敢行した東アジア反日武装戦線〈狼〉〈大地の牙〉〈さそり〉の三グループである。

最初の大規模な爆弾事件が発生したのは七四年八月三〇日午後零時四五分過ぎのことだった。同時刻、東京・丸の内二丁目にある三菱重工本社ビルに仕掛けられた二つの爆弾が大音響とともに爆発し、死者八人、重軽傷者三七六人を数える惨事を引き起こした。

犯行は大道寺将司、あや子、佐々木規夫ら〈狼〉グループによるものだったが、事件直後に「三菱は、旧植民地主義時代から現在に至るまで、一貫して日帝中枢として機能し、商売の仮面の陰で死肉をくらう日帝の大黒柱である」とする犯行声明が発せられたように、〈狼〉は海外に進出する巨大企業を「人民を搾取する帝国主義的侵略の先兵」と位置づけ、以後次々と企業爆破事件を敢行した。

七四年一〇月一四日午後一時過ぎには斎藤和、浴田由紀子らで構成する〈大地の牙〉が東京・西新橋の三井物産本社を爆破。続いて〈大地の牙〉が一二月一〇日、東京・銀座二丁目の大成建設本社を爆破。〈さそり〉の黒川芳正、宇賀神寿一らも合流し、一二月一三日には東京・江東区の鹿島建設工場敷地内でも爆破事件を引き起こし、翌七五年二月二八日には三部隊が東京・北青山の間組本社ビルや埼玉・与野市の同社大宮工場を同時爆破するなど、七五年五月初旬までの間に相次いで爆弾事件を引き起こした。

公安と刑事の遺恨

東アジア反日武装戦線への捜査活動をめぐっては、警察内部で公安警察と刑事警察との間に深い〝遺恨〟を残している。今も警察関係者と、刑事、公安の不仲を話題にする際、必ずと言ってよいほどの確率で同事件の回顧談へと話は及ぶ。

結論を先述すれば、同事件においては公安警察的な捜査手法が大成功を収めたことによりグループが一網打尽に近い形で逮捕されるが、その手法における密行性と排他性が際立って表出し、両者の反目が先鋭的に顕在化した。

そもそも東アジア反日武装戦線による連続企業爆破事件捜査は、警視庁の刑事、公安両部の合同捜査としてスタートした。刑事部や一般の公安部員は現場周辺の聞き込みや目撃証言集め、遺留品の分析など、刑事警察的手法による地道な捜査活動を展開していた。

しかし、公安部は一方で、公安捜査の常道である〝スジ捜査〟を極秘裏に進行させた。

グループが本格的な爆弾闘争に突入する時点より前に発行した『腹腹時計』と題する「爆弾教本」の徹底した分析を始めとし、その思想性に基づいた既存グループとの人脈や関係性を洗い出すことによって容疑適格者をリストアップ。大きく網を掛けた中から、尾行・視察によってそれを絞り込んでいく手法を駆使し、公安部は間もなくグループに辿り着く。

犯行グループは既存セクトとのつながりが薄く、日常的にも徹底して〝目立たぬ小市民〟を装うなど、これまでとは異質な存在だった。しかし、既存運動体との間の極細の糸を手繰ってグループを割り出した同事件捜査に関しては、公安的手法が〝大成功〟を収めた。

例えば最後の爆弾事件が引き起こされる一ヵ月半前の七五年三月二一日、〈狼〉グループは荒川区から足立区へと秘密アジトを移しているが、すでに公安警察は視察態勢に入っていたとみられ「このとき彼等全員が隠密部隊に写真を撮られることになった。東十条のアパートの向かいの二階に刑事が部屋を借りて、すでに早くから佐々木は常時監視されていたのだが、この移転の日に〝狼〟はここで全員が顔を揃えるという失敗をおかしてしまった」(松下竜一『狼煙を見よ』)。徹底した尾行と視察によって、ほぼ全容が暴かれたグループが一網打尽に逮捕されたのは、同年五月一九日のことだった。

だが、こうした動向を刑事部は全く知らされていなかった。元朝日新聞記者鈴木卓郎は『日本警察の解剖』の中で、刑事部が目撃証言によって作成したモンタージュ写真で手配をしようとしたにもかかわらず公安部が反対し、逮捕後に手配写真と酷似していたことが判明した後に「刑事部が『手配写真を公安部がつぶした』と訴えた際、公安部は平然として『あんなに似ている写真を公開したら尾行ができなくなるではないか』とうそぶいた」とのエピソードを紹介し、次のように記している。

「公安部は狼グループの八人を一斉逮捕して間もなくテレビが大々的に事件解決を流したが、刑事部の捜査マンは知らずに聞き込みを続けていた。（略）刑事部のメンメンは公安部へのくやし涙がこぼれたと嘆く」

6——オウム・革マル派との〃戦い〃

革マル派のアジトから押収された
デジタル無線傍受機

1――オウム殲滅戦

井上嘉浩VS.公安

一九九五年五月初旬、警視庁公安部は極秘裏に、東京・八王子周辺へ多数の公安部員を送り込んでいた。部員たちに課せられた使命はオウム真理教の内部で「諜報省（CHS）」と呼ばれていた非合法活動組織のトップ、井上嘉浩の身柄を是が非でも確保することだった。

この頃、警視庁によるオウム真理教に対する波状的な強制捜査は最終局面を迎え、教祖・麻原彰晃の逮捕に向けた動きもカウントダウンの態勢に入っていた。だが、そのためには「何をしでかすか分からない過激分子」である井上嘉浩は絶対に〝事前除去〟されなければならない対象だった。

八王子市内にオウム真理教の秘密アジトがあることをつかんでいた公安部はすでに、視察、尾行といった公安手法を駆使して周辺にある関連アジトを次々と割り出し、井上嘉浩と行動をともにしているとの有力情報が寄せられていた女性信者の出入りも確認していた。

「井上がいる」――そう判断した公安部の作業は緻密を極めた。一ヵ所のアジトを出た信者を追尾し、次のアジトへ辿り着くと直ちに視察拠点を設定した。視察―秘匿追尾―基礎調査―そして視察。公安警察の基本手法が忠実に、そして隠密裏に実行され、網を広げるようにアジトの包囲作戦は展開されていった。

新たに判明したアジトは情報を一元的に集約している幹部に直ちに報告された。報告を受けた幹部は次々と前線に指示を飛ばした。

「そこには手を出すな」「そこは慎重に基礎調査をした上で視察態勢に入れ」

すでに他の公安部員が別の信者の追尾によって辿り着き、視察に入っていたアジトもあった。手をつけていない新発見のアジトもあった。すでに視察しているアジト周辺で別の部員が動くのはまずい。現場の部員は情報を集約している幹部の指示に従い、現場の〝コマ〟として忠実に動いた。全体像を把握しているのは指揮官たる幹部だけだった。重要と判断されたアジトの視察には公安部の中でも公安一課の最精鋭部隊が割り振られた。

公安部は暗視カメラなどを駆使した二四時間態勢の視察によって、間もなく八王子市内の入り組んだ住宅街にあるアパートに井上嘉浩がいると、確信に近い感触を得る。

腰が重かった公安

オウム真理教への捜査に関して言えば、当初、公安警察の動きは鈍かった。むしろ、教団による一連の事件の発覚以前、公安警察は別の宗教団体に対する情報収集活動に着手していた。反共を旗印にしながら近年、朝鮮民主主義人民共和国（北朝鮮）に急接近していた新興の宗教団体。その動向によっては極東アジアの治安情勢に大きな影響を及ぼす不安定要素になりかねない、そう判断した公安警察は確実に情勢を把握しておかなければならないテーマに位置づけていた。

オウム真理教に関しても、警視庁による強制捜査の前年、九四年末ごろから警察庁警備局は、公刊物中心の基礎的データながらも教団の情報収集活動を開始していたとされる。しかし、日本の公安警察における最大の実働部隊、警視庁公安部の腰は重かった。

一九九五年三月二〇日に起きた地下鉄サリン事件の直後、警視庁幹部は率直な気持ちをこう吐露している。三月二四日段階の話である。

「警察庁は警視庁公安部に対して強い不満を持っているようだ。九四年末から『オウムを調べろ』と盛んに言ったのに、公安部が反応しなかったということらしい。確かに、これだけの事態になっても公安部は麻原彰晃の日常的な立ち回り先すら割り出していないのが現実だ。宗教を公安部が調べることに抵抗があったとか、統一地方選が近かったからなんていう声もあるようだが、それでは公安警察とは言えない」

同じ日、別の警視庁幹部もこう証言した。当時、最も注目されていた麻原の居所について尋ねた際の応答だ。

「警視庁公安部というのは、私はもっとしっかりした組織かと思っていた。(教祖麻原の居所を)本当は分かってるんじゃないか、分かってて身内すら騙しているんじゃないか、そう思っていたんだが、どうも本当に分からないようだ」

国松長官狙撃

そんな警視庁公安部の雰囲気が激変する事件が三月三〇日に発生する。警察庁長官国松孝次に対する狙撃事件だった。

事件捜査は曲折を経て、公安部指揮による異例の捜査体制が取られることとなる。警察組織のトップに対する衝撃的なテロとはいえ、左右両翼による政治的意図を持った犯行と断じる材料がない以上、本来は刑事警察、中でも凶悪事件を担当する刑事部捜査一課が所管するべき事件だった。

だが当時、警視庁においては、捜査一課を始めとする刑事部門は、教団への強制捜査の突破口となった目黒公証役場事務長拉致事件、未曾有の被害者を生んだ地下鉄サリン事件などの捜査に全力を挙げている最中であり、新たな事件に人手を割く余裕はなかった。当時の警視総監井上幸彦が「全庁を挙げて教団捜査に取り組む」と明言し、公安部に捜査を厳命したのも大きな要因だった。

この事件が、さまざまな意味において、警視庁公安部の決定的な転換点になる。地下鉄サリン事件から教団への強制捜査へと至っても、どこか弛緩していた公安部の雰囲気は、長官狙撃事件によって一変した。ついに公安警察が本気になったのである。

この前後から警察庁警備局では、公安一課にオウム情報の集約センターが置かれ、全国各都道府県警警備部が収集する教団情報が一斉に集まり始めた。長官狙撃事件の捜査担当は新左翼セクト担当の公安三課に割り振られた。対共産党情報の収集機関として公安警察の中枢を担ってきたセクションである警察庁警備局公安一課がオウムという一新興宗教教団体の対応に追われるというのは、戦後公安警察の歴史にとっても一つの転換点だった。

一方、警視庁公安部は筆頭課の公安総務課を中心に、公安一課、二課が教団捜査・情報収集にフル回転を始め、さらには外事一、二課までもが不動産業者やアパート、レンタカー業者のローラー捜査に駆り出され、教団アジトの追跡、視察への総動員態勢が整った。

微罪、別件を乱発

警察組織全体を俯瞰すると、オウム真理教捜査に対する体制は大きく二つに分割された。すなわち地下鉄サリン事件、目黒公証役場事務長拉致事件など〝本筋〟の事件は刑事警察が担当し、公安警察には教団アジトの割り出しや幹部信者の追跡、身柄確保など〝脇の捜査〟が至上命題として付与された。刑事警察、公安警察、それぞれの得意分野が担当として割り当てられた形だった。

本気になった公安警察の勢いは凄まじかった。警視庁公安部を中心にした公安警察は全国でオウム殲滅戦《せんめつせん》とも言うべき作戦を繰り広げ、アジトからアジトへの信者追尾、名簿や内部資料の押収と教団の実態解明作業は急ピッチで進んだ。中でも公安部は次から次に都内の教団アジトを割り出し、その底力を見せつけた。

地下鉄サリン事件直後、警察庁が「あらゆる法令を適用する」と宣言して以降、信者は微罪、別件、ありとあらゆる手法が駆使されて片っ端から逮捕された。公務執行妨害はもちろん、カッターナイフを所持していれば銃刀法違反、ビラをまきにマンション敷地内に入れば建造物侵入、駐車違反や車検切れなどきわめて稀な逮捕も続いた。全てが公安警察による逮捕権行使ではなかったものの、明らかに公安的手法の一つだった。四月中旬までのわずか一ヵ月弱の間に、一〇〇〇人以上の信者が逮捕された。大半が微罪だった。

当時、公安部幹部はこう語っている。

「国民全体が狙われているとの観点から、概ね理解を得ているのではないか。もちろん、この手法を他の事件で使われたらたまらないという指摘、批判があることは承知している」

警視庁刑事部捜査一課を中心とした刑事警察の捜査も着々と進んでいた。五月中旬までには教団幹部がサリン製造を認める供述を開始し、地下鉄サリン事件の実行犯グループも特定されつつあった。残るターゲットは教祖の麻原彰晃逮捕に絞られつつあった。そのためには井上嘉浩の身柄確保という大きな障害が残されていた。教団の非合法活動を一手に引き受けていた井上の身柄を押さえないまま教祖逮捕へと捜査の歩を進めれば、非合法部隊がどんな行動に出るか分からない――警視庁はそう考えていた。

井上逮捕

再び東京・八王子。視察を続けていたアジトから五月一四日夜、不審な男女四人を乗せた乗用車が移動を始めたのを確認した公安部は、八王子を中心とした多摩地区周辺に約二〇〇人もの公安警察官を送り込む大々的なオペレーションを開始した。追尾対象は足立ナンバー、赤色のダイハツ・シャレード。すでに教団関係者が使用していたとして手配されていた車両だった。

この日、東京地方は強い雨が降っていた。追尾する車のフロントガラスにも容赦なく雨が叩き付けた。いったんは見失ったシャレードを、今は「あきる野市」と名前を変えた当時の秋川市内の五日市街道沿いで公安部外事二課員が発見したのは午後一一時過ぎ。最寄りの福生警察署に任意同行された四人のうちの一人は間違いなく、井上嘉浩だった。八王子から山梨県上野原町に新たに設定したアジトに移動する途中での逮捕劇だった。

井上は髪を茶色に染め、特徴的だった口髭を剃り落としていた。調べに対しては「黙秘します」と言ったきり口をつぐんだが、指紋照合の結果、本人であることが確認されると公安部幹部に安堵が広がった。一緒にいた男女のうちの一人はのちに地下鉄サリン事件の殺人容疑で逮捕される豊田亨だったことが分かる。時計の針は零時を越え、すでに一五日未明になっていた。

麻原逮捕

麻原教祖逮捕に向け、最大の障害は公安警察の活躍によって除去された。警視庁捜査一課は直ちに地下鉄サリン事件の殺人容疑で麻原教祖を含む信者四一人の逮捕状を取得し、翌一六日朝から一斉逮捕に踏み切る。山梨県上九一色村の教団施設第六サティアン内に隠れていた麻原教祖を発見、逮捕したのは午前九時四五分のことだった。

「麻原逮捕」の報を受けた警視庁公安部公安総務課の幹部はこういって顔をほころばせた。

「これで一段落だ。公安部のスタートは確かに遅かったが、アジト摘発や追跡など、結果的には公安警察の手法が存分に生かされた。極左に比べるとアジトの秘密保持や移動時の警戒が緩くて楽だったよ」

立ち上がりの遅れが批判を浴びたとは言え、幹部の言葉どおり、長官狙撃事件を契機とし、公安手法のほんの一部、それもきわめてイレギュラーな形だったものの、その本領を発揮し得た約二ヵ月間が、公安警察が最も〝公安警察らしさ〟を発散して教団捜査へ邁進した〝幸せな〟時期だった。

それから約一年半後、公安警察を総力戦へと突き動かす契機となった長官狙撃事件が、公安警察の組織を根底から揺さぶる事態を引き起こすことになる。

2——組織を揺さぶる告発

一通目の紙爆弾

東京・桜田門にそびえ立つ警視庁本部。九階の一角、桜田通りを見下ろすあたりに新聞、通信、テレビなどマスコミ各社が常駐する記者クラブが並んでいる。その各社に宛て、奇妙な一通の手紙が舞い込んだのは一九九六年一〇月中旬のことだった。封書の中にはワープロ打ちの紙切れが一枚同封されていた。

国松警察庁長官狙撃の犯人は警視庁警察官（オーム信者）。
既に某施設に長期間監禁して取り調べた結果、犯行を自供している。
しかし、警視庁と警察庁最高幹部の命令により捜査は凍結され、隠蔽されている。
警察官は犯罪を捜査し、真実を糾明すべきもの。（原文ママ）

衝撃的な告発文書だった。

日本警察組織のトップである警察庁長官が何者かに狙撃されるという未曾有のテロ事件は、手紙の送付より一年半ほど前、警視庁による教団への強制捜査着手からは一週間ほど後にあたる一九九五年三月三〇日の早朝に発生した。

あらためて事件を振り返れば、その発生場所は東京都荒川区の隅田川沿いに所在する巨大マンション「アクロシティ」敷地内。当日の天候は小雨。午前八時半ごろ、同マンションの一室を住居としていた警察庁長官国松孝次が出勤のため一階玄関脇の通用口から姿をあらわし、秘書とともに迎えの公用車に向かおうとした瞬間、銃弾は放たれた。

狙撃場所は約二〇メートル離れた植え込みの陰。命中したのは発射された四発のうち三発。銃弾は腹部などを貫き、国松長官は命こそとりとめたものの一時は危篤状態に陥る重傷を負った。

事件捜査には公安警察の中枢部隊・警視庁公安部があたることになった。既述のとおり、公安部が捜査にあたることになったのは偶然にすぎなかった。犯行時点において、左翼、あるいは右翼といった旧来型の思想的背景に裏打ちされた組織・団体によるテロと断じる材料がない以上、本来は刑事警察が捜査にあたるべき事件と認識されていたし、当の公安警察ですら自らが中心となって捜査することになるとは想定していなかった。

だが当時、警視庁は地下鉄サリン事件をはじめとする大型事件の捜査に大量の捜査員を投入していた上、同月二二日には一連の事件への関与が強く疑われていたオウム真理教関連施設に対する一斉の強制捜査に着手したばかりだった。前代未聞の全庁挙げての捜査体制が組まれ、中でも刑事部を中心とする刑事警察に新たな事件を抱え込む余力など残されてはいなかった。結局、当時の警視総監井上幸彦らのトップ判断により、事件発生現場を管轄する南千住警察署に設置された捜査本部の本部長には公安部長桜井勝が座り、公安一課長と南千住署長、刑事部捜査一課長が副本部長となり、公安警察主導による異例の事件捜査は幕を開けた。

当時、公安部の幹部は悲壮な顔つきでこう語った。

「われわれ（公安警察）にとって前例のない捜査だ。経験もなく、手探りの作業になるが、困難は承知で全力を尽くすしかない」

3章などで記したとおり、公安警察の捜査手法は、アジトの視察や対象団体内に養成した協力者からもたらされる情報によって成り立つ「スジ捜査」、悪く言えば〝見込み捜査〟である。現場での証拠収集や、聞き込みによって捜査を積み上げ、被疑者に迫る刑事部的手法に対し、公安警察のそれは、爆弾事件にせよ、内ゲバ殺人にせよ、最初から犯行団体は分かっているケースが多い。爆弾の構造や手口からセクトを割り出すのは公安警察にとってごく初歩的な仕事だったし、団体側も犯行声明を発する。いずれに合致しない場合であっても、既存の団体、人脈、それにまつわる情報から犯人を絞り込んでいく。公安警察が情報警察と言われるゆえんだ。

その公安警察に長官狙撃事件の捜査を委ねた判断が正しかったのかどうか、それは分からない。ただ、事件は未解決のまま発生から一年半の時間が経過し、誰からともなく「迷宮入り」の声が漏れ始めていた時期に告発文書は投げられた。

二通目の紙爆弾

一通目の手紙を受け取ったマスコミ各社は、一部の社を除いては、ほとんど取材もしないまま黙殺した。もちろん、警察庁、警視庁の幹部たちも一様に手紙の内容を否定した。

立ち上りかけた煙がこのまま消え去るかに思えた時、二通目の紙爆弾が撒かれた。

国松警察庁長官狙撃事件の犯人がオーム信者の警視庁警察官であることや本人は犯行を自供していることが、警視庁と警察庁最高幹部の命令で捜査が凍結されていることを、先般、共同通信社など数社の皆様にお伝えしました。各社の幹部の方々が当庁に何か弱みを掴まれているのか、当庁と警察庁最高幹部からの圧力で不満分子の戯言とされているようです。警察の最高責任者を狙撃し瀕死の重症を負わせた被疑者が現職の警察官であったとなれば、警察全体に対する轟々たる非難や長官、次長、警務局長、人事課長や警備上の責任とは別に警視総監、副総監、警務部長、人事一課長、人事二課長、本富士署長の引責辞任や管理者責任が問われないではすまされないと思います。警察史上、例のない不祥事と批判され、当庁の威信は地に落ちると思います。警察庁と警視庁の最高幹部が、自己の将来と警察の威信を死守するため真相を隠蔽されようとしても真実は真実です。警察官の責務は犯罪を捜査し真実を糾明することです。警察、なかでも警視庁の威信が地に落ちることは明らかですし、被疑者が法的にも社会的にも組織的にも許されないことは当然ですが、組織を守るためとして、この事件を迷宮入りさせ法の裁きを受けさせなくするため被疑者の口を封じようとする有資格者の動きは恐ろしくこれを見逃すことは著しく正義に反すると思います。しかし、家族を抱えた一警察官の身では、卑怯ですが匿名によるこの方法しかありません。心あるマスコミと警察庁、警視庁、検察庁の幹部の皆様の勇気と正義が最後の拠り所です。匿名をお許しください。(原文ママ)

公安部長更迭

二通目の告発文書は官製葉書にワープロで隙間なく印字され、警視庁記者クラブの各社以外に警察庁、警視庁の幹部、検察庁幹部にまで送付された。これを受け、裏付けを得た一部マスコミが報道に踏み切ったのを皮切りに、一〇月二五日未明から、一斉に報道が開始された。驚くべきことに、自供した警察官、K巡査長は、末端とはいえ警視庁管内の所轄警察署の警備・公安部門に所属する公安警察官だった。

三日後、警視庁公安部長桜井勝が更迭される。当時の新聞報道をひろってみよう。

「『耳を疑うようなこともあった』『遅まきではあるが、徹底的な捜査をさせてほしい』。警視庁公安部長の更迭人事を受け、二十八日午後四時二十分、警察庁長官室で緊急に開かれた国松孝次長官記者会見。日本警察のトップでもある同長官は、赤い目で宙をにらみすえ、苦渋のにじむ言葉を絞りだした。警視庁巡査長の長官狙撃の供述。警視庁の警察庁に対する報告の遅れ。裏付け捜査の先送り。一連の問題で警察の受けた衝撃と信用失墜は余りにも大きかった」（「毎日新聞」）

「関与の供述から四か月以上も警察庁に報告がなく、裏付け捜査が進展しないまま、内部告発とみられる投書で表面化するという異例の展開。警視庁に対する不信感を強めていた警察庁が、適正捜査の遂行に強い意志を示した形だ」（「読売新聞」）

常に陰に隠れ、存在自体が話題にされることすら稀だった公安警察がこれほどまでに注目され、その動向がクローズアップされるのは、かつてない事態だった。またオウムとの華々しい〝格闘〟に突入する契機となった長官狙撃事件の捜査が行き詰まり、迷宮入りの声すら漏れる中で現職公安警察官による自供が飛び出し、その事実を隠蔽した責任を負って公安警察トップの一人である警視庁公安部長が更迭されるというのは、あまりにも皮肉な展開だった。

桜井の後任として公安部長に着任したのは、警察庁刑事局の暴力団対策部長林則清だった。「刑事警察のエース」と呼ばれる暴力団や知能犯罪のエキスパートで、公安経験が一切ない暴対部長の公安部長着任は、公安警察にとっては〝屈服〟をも意味するきわめて異例の人事だった。

公安部を襲う衝撃は、これにとどまらない。部内にはキャリアとノンキャリアの対立、そしてノンキャリア内での派閥抗争もくすぶり続けていた。

翌年の二月一八日。日本テレビが夜のニュース番組『きょうの出来事』の中で衝撃的な映像を放映する。公安部が依頼した「脳機能学者」がK巡査長を催眠状態に置いてカウンセリングをしている場面だった。

「おなかのあたりを狙った」「(一発目の銃撃で倒れた長官の)左わき、しり、腰が見えたので狙って撃った」「もう逃げろと指示されたが、敵だと思い(最後に)もう一発撃った。外れたと思う」「撃て、撃てと聞こえた」——拳銃を構えるポーズをしながら淡々と語るK巡査長の姿は衝撃的だった。

「放映はまことに遺憾」「捜査妨害だ」——警察庁や警視庁は日本テレビに抗議をしたが、情報収集とその徹底的な保秘を信条とする公安警察にとっては、言い訳のしようがない信じがたい失態だった。警視庁公安部はガタガタだった。

信者警官はわかっていた

警視庁公安部に所属するある公安警察官は今も「もし警視庁公安部の幹部が処置を誤らずにK巡査長を視察していれば、いわゆる『K巡査長の自供問題』は起きなかった」と断言する。実は、K巡査長がオウム信者であったことを、警視庁公安部は狙撃事件発生以前、三月三〇日より前の段階で把握していたのである。情報は滋賀県で押収した光ディスクが発端だった。

話は地下鉄サリン事件の三日後にあたる九五年三月二三日に戻る。この日、滋賀県警は同県彦根市付近にいた山梨ナンバーの乗用車に乗っていた信者を逮捕するとともに、所持していた光ディスクを押収した。入力情報が暗号化されていたため解読に時間を要したものの、ディスクには教団信者名簿が記憶されていたことが判明。同時にK巡査長が現役の信者であることが発覚した。情報は警察庁警備局を通じ、狙撃事件以前には警視庁公安部に伝えられた。だが何故か、警視庁の人事・監察部門には伝えられなかった。

「この段階でK巡査長を尾行し、視察していれば……」

警視庁幹部はそう言う。だが結局、この情報は当時の警視庁公安部幹部によって握りつぶされてしまう。名指しされた幹部はその後、転勤先の地方都市の喫茶店でこう語った。

「今になって『握りつぶした』なんて言うのは簡単だ。でも、警官とはいえ信仰の自由はある。あの当時、われわれに何ができたというのか。他意なんてなかったんだ」

時に激昂し、時に弱気な素振りも見せる幹部の目には、うっすらと涙さえ浮かんでいた。その回答が真実かどうか、推し量る術はない。

だが、K巡査長が信者であるという情報が警察庁警備局を通じて警視庁公安部にのみ伝えられた、言い換えれば公安警察官に関わる人事情報が、公安警察内でのみやり取りされ、それが公安部によって〝握り潰された〟——こうした事実に、公安警察の排他性、密室性を感じずにはいられない。

公安警察が警察庁長官狙撃事件の捜査を担うことになったのは偶然にすぎないかもしれない。また、それを契機としてオウム捜査で〝底力〟を発揮したのも否定し得ない事実であるだろう。

だが、警視庁公安部を中心とする公安警察は、公安警察であるが故にはまり込んだ陥穽によって、現職公安警察官の自供事件を引き起こした。その結果として組織のシンボルともいえる公安部長が更迭され、前代未聞の巨大な打撃を受けたのである。オウム真理教捜査において日本の公安警察が経験したのは結局、信じがたいほど大きな「敗北」だった。

3——革マル派による警察無線傍受

大量の押収物

一九九八年一月の東京地方は、年明け早々から幾度にもわたって記録的な大雪が降り積もり、新聞やテレビは新進党分裂、金融汚職など続発するビッグニュースとともに、雪に脆弱な首都の交通網が寸断され、混乱する通勤客の情景を紙面と時間を割いて大きく伝えていた。

そんな年明け、正月気分も抜けない一月七日から九日にかけて、東京の北西部に位置する練馬区豊玉北一丁目所在の雑居ビル内の二室に対する強制捜査を行っていた警視庁公安部員たちは、室内から湧き出てくるおびただしい数量の押収物に目を見張っていた。

偽造した広島県警の警察手帳、公安調査官の証票、偽造名刺、一万四〇〇〇本にも上る鍵、四〇〇本もの印鑑……。その他にもフロッピーディスク五〇〇枚、ビデオテープ三〇〇本、数え切れないほどのカセットテープに資料、工具類……。

強制捜査の対象となった部屋は、公安警察が「極左暴力集団」と呼称する新左翼セクトの一つ、「革マル派」のアジトだった。

この摘発が直接の契機となり、公安警察と革マル派は以後、全面対決状態へと突入する。そして押収資料の分析を進めた公安警察は、次々と明らかになる信じがたい現実と、出遅れた自らの失策にいくたびも息をのまされることになる。この日の捜索は、その序章にすぎなかった。

〝おとなしかった〟革マル派

革マル派とは一体どのような組織なのか。警察庁警備局作成の資料に沿って概略を紹介すれば次のとおりだ。

同派の正式名称は「日本革命的共産主義者同盟革命的マルクス主義派」。一九五七年、黒田寛一らが設立した「日本トロツキスト連盟」がその源流で、一九六三年、中核派と分裂して現在の体制が組織された。

新左翼セクトとしては中核派と並ぶ組織規模を有し、構成員数は約四三〇〇人。一九七〇年代ごろまではゲリラ事件を引き起こしていたが、最近は組織拡大に重点を置き、各界各層への浸透を図る戦術に運動をシフトさせている。

同派が党組織建設を最優先したため、大衆運動を重視する中核派など他の新左翼勢力とは激しく対立。一九七〇年代以降、中核派や革労協と陰惨な内ゲバを繰り返し、双方に多数の死者、重傷者を出してきた。

本拠地は東京・早稲田にビルを構える「解放社」本社。このほか六道府県に支社を設置し、非合法作業を伴う〝裏の活動〟は、全国に点在する非公然アジトを拠点として展開されている。

警備局資料にも記されたとおり、革マル派は近年、中核派や革労協など対立セクトとの間ではたび重なる内ゲバ事件を引き起こしてはきたものの、公安警察が最優先課題として捜査に乗り出すようなテロ・ゲリラ事件を惹起させることはなかった。一方の中核派や革労協などが反皇室、反成田空港闘争をめぐって運輸省幹部宅や皇室関連施設などを標的としたゲリラ活動を頻繁に展開していたこともあり、公安警察における「極左」担当部門の興味の方向はここ数年、両派に凝縮されていた。

とはいえ、公安警察内に革マル派を担当する組織体がなかったわけではない。既述のとおり警視庁公安部においては公安二課が革マル派を主な任務の一つとして存在してはいたが、情報収集を本旨と主張する公安警察でありながら、同派に対するアプローチはほとんど行われてこなかったのが実状だった。

某県警の警備部幹部はこう打ち明ける。

「九〇年代に入ってから七、八年間は、警察庁からも『危ないのは中核派だ。中核を調べろ。革マル派なんてどうでもいい』と指示が出ていた。正直なところ、革マル派に関しては、我々もほとんど手をつけないままの状態だった」

だが九七年ごろになると様相が一変した。別の公安警察官の証言。

「ちょうどその頃、革マル派が警察無線の傍受をはじめ、広範囲にわたって非合法活動を展開している疑いが固まりつつあった。これに驚いた警察庁が全国の各都道府県警に革マル派に対する徹底捜査を指示した」
警察無線の傍受——。事実とすれば、日本警察にとっては信じがたい事態だった。

デジタル化無線

一九八四年に発生したグリコ・森永事件や自民党本部放火事件。両事件で犯人グループによる警察無線の妨害や傍受によって、捜査に大きな支障が出たことなどを憂慮した警察庁は以降、全国の警察無線のデジタル化を急ピッチで推進し、最近はほぼ全ての無線の転換を終えていた。

音声をそのまま送るアナログ方式に対し、デジタル方式無線は音をいったん数字に符号化して送り、受け手側は符号を再び音声に戻す処理を取る。傍受すれば簡単に音として聞くことが可能なアナログ方式に比して、デジタル方式では途中でキャッチしてもそのままでは音として聞くことができず、解読には相当な時間と高度なコンピューター技術が必要とされていた。

内部でも解読に必要な暗号コードが定期的に更新されており、警察庁も「高度で傍受は不可能」「二重、三重の防護措置が施されている」と自信を示してきたシステムだった。その無線を傍受されていた、それも公安警察が「極左暴力集団」と名指しする団体によってなされていたとするならば、警察組織に与えるショックは計り知れない。果たして本当にデジタル化した警察無線は傍受されていたのか。

筒抜けだった情報

無線傍受は事実だった。それも一般の警察無線にとどまらず、公安警察の専用無線、さらには警視庁人事一課監察チームの無線までが傍受されていたのである。

手元に革マル派が警察無線傍受によって得た交信記録のデータと、その分析結果を記載した内部文書がある。順次紹介するが、まずは人事一課監察チームの交信記録から検証しよう。既述のとおり、不祥事の噂のある警官の徹底調査、時には警視庁や警察庁幹部の身辺調査まで行うことがある人事一課監察チームの活動状況は、かつては公安部の精鋭が集められるほど高い秘匿下に置かれていた。

記録の一通はこう題されている。

「警視庁警務部人事第一課監察担当による警視庁現職警察官に対する監視と尾行の交信記録」

一部を抜粋すれば、監察チームのメンバー十数人は自動車数台を利用し、一九九四年四月から五月にかけ、警視庁機動隊所属の警部補に対する追尾を実施している。追跡にあたったメンバーは二四時間体制の尾行、張り込みを行い、対象となる警部補の出勤過程、職場での勤務状況、最大目的である職場外で接触した人物の人定までを逐一、警視庁本部庁舎一一階にある人事一課の「デスク」に報告した。

その追跡範囲は都外に所在する警部補の自宅、同僚と泊まりがけで赴いた中部地方のゴルフ場にまで及び、無線では対象者を「お客さん」と呼称。自分たちのことを都内の地名を冠した符丁で呼び合っていた。

警視庁幹部に対する追跡の様子を傍受した記録もある。監察チームは一九九四年六月、警視庁最高幹部の一人への追尾を実施。運転手つきの専用車で出退勤する幹部を追い、某公団幹部と江戸川区内の料亭に入る場面をキャッチ。料亭周辺の徹底調査に乗り出していた。この際の無線通信までも革マル派には筒抜けになっていた。

元長官宅にも侵入

豊玉アジトからの押収物で公安警察を驚愕させたのは無線傍受を裏付ける資料だけではない。一万四〇〇〇本にも上る鍵のうち、七〇〇〇本ほどが使用可能な状態に加工されていた。果たしてどこの鍵なのか。調べを進める公安部が息をのんだのも当然だった。鍵の中には警察庁、警視庁幹部をはじめとし、公安部員の自宅の鍵までが含まれていたのである。

公安部関係者が言う。

「実際に使われた形跡のある鍵も多かった。例えば元警察庁長官の自宅に関しては、調べの結果、侵入されて資料や写真を盗み出されたことが確認されている」

公安部によれば、豊玉アジトからはこの他、以下のようなものが押収された。
・早大の学生部長を務める法学部教授宅の電話を盗聴したとみられる録音テープ、資料
・国労書記長の電子手帳の内容を記したメモや国労幹部の会話盗聴による録音テープ
・JR西日本労組委員長宅にあった文書の複写資料
・中核派メンバーなどに関するNTT、NTTドコモの顧客データ
・警視庁公安部員の住民票や名簿
そして神戸で発生した連続児童殺傷事件で医療少年院に送致された少年Aの員面、検面調書――。

公安部は、これらの資料を入手するために盗聴、住居侵入、窃盗を繰り返していたとし、次々に革マル派に対する強制捜査に着手。波状的な捜査活動に乗り出した。

4——出遅れた公安警察

捜査中断

実は、練馬区豊玉アジト摘発の約一年半も前にあたる一九九六年八月一〇日、警視庁公安部は革マル派の実態解明の端緒となるアジトを捜索していたのだという。それは東京都足立区青井のマンション内の一室にあった。

公安部関係者が言う。

「革マル派アジトの中でも重要な資料保管場所と位置づけられる拠点とみられ、室内からは非合法活動の一端をうかがわせる資料が大量に押収された。多額の資金を集めている実態や盗聴など違法な活動によって情報収集していることを推察するに十分な資料もあった」

ところが、この摘発劇はマスコミ向けに発表されることもなく、公安捜査の常道である波状的な追跡も満足に行われないまま、ひとまず闇の中に埋もれていく。理由は諸説ある。だが最大原因として挙げられるのが、ちょうどこの直後から公安部の神経回路が麻痺状態に陥り、革マル派に対する情報収集どころではなくなってしまっていたからだった。

同じ関係者の証言。

「革マル派のアジトを摘発して本格的な捜査にかかろうとしたところで、例の問題が起きてしまった」

現職の公安警察官、K巡査長による警察庁長官狙撃の自供――。「例の問題」とはこれを指す。K巡査長問題はここでも、公安警察の手足を絡め取った。

改めてK巡査長問題を時系列に沿って振り返れば、マスコミ各社に告発文書が送付されたのが一九九六年一〇月中旬。二通目の告発文書を受けて一部マスコミが報道に踏み切ったことで事実が発覚したのが同じ月の末。直後に警視庁公安部では部長が更迭される事態にまで発展し、大混乱に陥った。革マル派に対する捜査を展開できるような状況ではなくなってしまったというのだ。

革マル派は知っていた?

再び革マル派の無線傍受記録をめくると、驚くべきデータが記されていた。同派はマスコミに告発文書が舞い込むはるか以前から、K巡査長自供を摑んでいたフシがあるのだ。

K巡査長が公安部の調べに対して狙撃の実行を〝自供〟をしたのは一九九六年五月四日。その約一ヵ月後、公安部公安二課員が狙撃事件の現場、荒川区南千住のアクロシティ周辺にK巡査長を同行し、いわゆる「引きあたり捜査」をしていた時の様子が記録に残されているのである。問題発覚の五ヵ月近くも前、九六年六月三日早朝の記録である。

「警視22開局。特命のため出向」「激撃本部、了解」（筆者注、警視22＝公安二課捜査車両のコールサイン、激撃本部＝警視庁公安部の公安指揮所内に設置されたオウム真理教捜査のための本部）

「警視22から激撃本部、現着。アクロシティ……訂正、現場周辺、ペン、カメ等の姿ありません。人通りもほとんどありませんので、これから係長と班長が同行して〃野郎〃を歩かせます。警視22は周辺動向監視にあたります」「激撃本部了解。なお係長、激撃本部まで有線願います」「警視22了解」

「警視22から激撃本部。現在河川敷を散歩中」「激撃本部了解」

「警視22から激撃本部。特命終了、帰庁に向かいます」「ご苦労様でした」

事実とすれば、革マル派に対する捜査遅れの原因とも指摘される超極秘情報を、当の革マル派自身が事前に入手していたことになる。

極秘部隊の交信記録

傍受は問題発覚後になると激しさを増す。公安警察がK巡査長を厳重態勢下で監視していた状況も逐一、革マル派に筒抜けになっていた。

記録などによれば、K巡査長の監視にあたっていたのは公安部公安一課の「調七」（調査第七）と呼ばれるセクションだった。現在は公安一課の組織縮小に伴って改編が加えられているが、当時は東京・新橋の警視庁新橋庁舎内に本部を置き、人員は約五〇人。公安部だけでなく刑事部捜査一課特殊犯捜査出身の精鋭も選抜され、「チヨダ」とも密接な相関関係にある、いわば公安警察内の極秘部隊に位置づけられる組織だった。

このころK巡査長は長官狙撃の実行を「自供」はしたものの裏付けは取れず、懲戒免職となって警察官でもなくなった以上、警察が強制的に身柄を拘束する理由は一切ない状況下にあった。一部からは批判も噴出し、公安部は「自らの希望で保護下においている」との建て前を取らざるを得ないところまで追い込まれていた。放っておくわけにはいかない、ソフトを装いながらも厳重な監視下に置き、一挙手一投足まで逃さず追跡せねばならない――そう考える公安警察にとって「調七」はその任務にふさわしいセクションだった。

九七年一月一〇日にK巡査長が地方公務員法違反（秘密漏洩）で書類送検された後、墨田区石原のワンルームマンションに父親と一緒に仮住まいしていた様子を監視、追尾した際の膨大な交信記録の一部を抜粋すると――

・「調七」メンバーは個人名をヤシチ、ナベさん、ヨシさん、ツルちゃんなどのニックネームで呼称。
・K巡査長は毎日二回、近くのコンビニエンスストアやスーパーに買い物に行き、ビールやつまみ、漫画本を買っていた。
・マンション近くの焼き肉屋に父親と二人で出入りしていた。
・銀座で弁護士と面会していた（三月二六日など）。
・東京地検が警視庁南千住署捜査本部とともにアクロシティ周辺と荒川河川敷で「引きあたり捜査」をしていた（四月二六日）。
・墨田区の図書館で熱心に新聞と地図を見ていた（四月二七日）。
・南青山のオウム真理教東京本部道場や南千住署、アクロシティなどを歩く（六月二二日）。
そして東京地検が狙撃事件でのK巡査長立件を断念すると公式発表した後の六月二七日。K巡査長はマンションを引き払って父親と自動車で中部地方の実家に向かう。一連の監視に関する「調七」部隊の無線交信は、東名高速道路の某サービスエリアを最後に途切れた。

こんな交信だった。

「〝野郎〟のお守り、やっと終わりましたね」

「本日をもって打ち切りだそうです。ご苦労様でした」

5――全面対決へ

革マル派の抗議

時を再び練馬区豊玉アジト摘発以降に戻す。

公安警察と革マル派の全面対決のきっかけとなった同アジト摘発によって、革マル派の広範囲に及ぶ非合法活動に確信を得た公安警察は、ようやく〝お家芸〟ともいうべき波状的な摘発活動を本格化させる。

警察庁警備局は全国でも革マル派の勢力が強い一〇都道府県を重点捜査対象県に指定。各県警に徹底捜査を指示した。警備局から飛んだ指示を受けた各県警のうち一九九八年一月二四日には北海道警、続く二月には埼玉県警が活動家を相次いで逮捕。もちろん、いずれも微罪によるものだった。

さらに、神戸事件で医療少年院送致となった少年Aの検事調書を二月一〇日発売の月刊誌「文藝春秋」三月号が掲載、問題化すると、公安部は調書が豊玉アジトから押収したフロッピーディスク内に記録されていたと断定。以前から革マル派が「A少年逮捕は権力の陰謀」と機関紙誌などで繰り返し主張してきたこともあり、四月七日、少年Aを精神鑑定した医師が勤務する病院など関係箇所に侵入、調書などを複写したとして革マル派活動家六人を指名手配するに至る。

これに対する革マル派側の反攻も激烈だった。指名手配の翌日、午後三時過ぎから本拠地「解放社」で開いた記者会見は、出席した記者に途中退席を禁じ、携帯電話の電源を落とすように指示すると、神戸事件で手配された三人を名乗る人物が「抗議の意思を表す」として会見場に突如出現。免許証まで提示して本人だと主張し、「身に覚えのない事実無根のことで怒りを覚える」と訴えた。

「最高機密」も傍受

水面下では相変わらず革マル派による警察無線傍受も続いていた。

豊玉アジト摘発から一ヵ月後の一九九八年二月六日。翌日から長野で開催される冬季オリンピック開会式に出席するため、皇居を出発した天皇の動向を伝える「警衛無線」までを革マル派は傍受していた。再び交信記録を紐解く。

「警視庁から各局。総本発第一報、連絡。×時×分、所定警備のため総合指揮所内に警衛連絡室を設置中のところ、甲号総合警備本部とした。リモコン呼称は031」

「警視庁から各局。警視354（筆者注、天皇・皇后夫妻を指す無線符号）、皇居正門、×時×分×秒」

「警視庁から各局。警視354、和田倉門、×時×分×秒」

これればかりではない。傍受対象は一般警察官すら聞き得ない公安部私服部隊の警備無線にも及んでいた。交信記録を続ける。

「私服本部から警衛従事中の各局に送ります。本日のマル要（筆者注、要警戒対象人物）の未確（未確認）、1、7、10、18、26……計七本となります。発見の際は私服本部まで連絡願います」

「私服本部から警衛従事中の公安二課の××係長、デスクまで有線願います」

拠点アジト摘発によって無線盗聴の事実を摑んだ公安警察との全面対決下に入っていた革マル派が、警察内でも最高機密に属する公安警衛無線の傍受まで続けていたのだから、公安警察の面子は形無しだった。

対決は始まったばかり

一九九八年四月九日、公安警察側はようやく革マル派の警察無線傍受拠点だった千葉県浦安市北栄一丁目のマンションに辿り着く。強制捜査で傍受テープ約五〇〇〇本を押収。マンション内の八階と一一階に二室存在したアジトは、一室を傍受要員の待機室として使用し、もう一室にはデジタル信号の解読器と市販されている受発信器と録音機が一二セットも設置され、捜索に入った瞬間も六人が実際に傍受を行っている最中だった。

公安部は豊玉アジトの押収物件を基礎とし、矢継ぎ早に手を繰り出した。

早大教授宅盗聴事件で活動家を手配(五月二〇日)、国労書記長宅侵入事件で活動家を手配(一〇月一二日)、厚木市のアジト摘発(一一月九日)、荒川区内のアジト摘発、神戸事件で手配の活動家逮捕(九九年一月一四日)、JR西日本労組委員長宅侵入事件で活動家逮捕、二名を手配(九九年七月八日)、NTT顧客データ流出事件でNTT社員ら逮捕(九九年一一月二日)。

全国の都道府県警警備部も警視庁公安部と歩調を合わせ、北海道、神奈川、長野、石川、福井、岐阜、愛知、奈良、大阪、兵庫などの各県警が相次いで活動家を微罪逮捕した。

一連の波状的な強制捜査がどれほど革マル派にダメージを与えているのかをうかがうことはできない。ただ確実なのは、公安警察と革マル派の対決は、ようやくその緒に着いたばかりという事実である。

余談に属するのかもしれない。だが、定期的に変更が加えられているデジタル無線の解読コードを革マル派が入手していた可能性が高いということは、警察内部、それも公安警察を中心とする警察中枢部分に革マル派の協力者が存在している可能性を示唆する。特に「調七」無線などは一般警察無線とは別扱いされていたはずなのだから。

警視庁公安部で革マル派を睥睨している公安二課の人員は一九九九年末現在で約一七〇人。今後はさらに二〇〇人体制まで増員されるという。対決はこれから本番を迎える。

だが結局のところ、革マル派に対する捜査においても、硬直化した公安警察の動きは当初から大幅に遅れ、あげくK巡査長問題という閉鎖性の壁の内側から漏れ出た衝撃にまたも手足を縛られ、再び後手にまわってしまったのである。

7——警察の外にある公安

公安調査庁の入る合同庁舎

1――公安調査庁の活動と実態

活動に制限

公安警察以外に、組織に「公安」の名称を明確に冠した治安機関として、公安調査庁がある。2章でも触れたとおり、公安調査庁は一九五二年七月二一日、破壊活動防止法(破防法)の施行に伴って、同法の規定に基づく団体の規制に関する調査、処分請求事務を一体的に行うため、法務省の外局に位置する行政機関として設置された。

本庁は東京・霞が関に置かれ、内部部局として総務部、調査第一部、第二部の計三部、地方部局として北海道(札幌)、東北(仙台)、関東(東京)、中部(名古屋)、近畿(大阪)、四国(高松)、中国(広島)、九州(福岡)の八ヵ所にそれぞれの地域を所管する公安調査局、北海道から沖縄までの全国各県に計四三ヵ所の公安調査事務所を設置。現在はリストラが進み、その人員は一七〇〇人以下に減じているが、ピーク時は二〇〇〇人を超える職員が全国で調査活動を繰り広げてきた。

多くの人が公安調査庁を評して「情報機関である」と語る。だが、誤解すべきではない。調査に当たる公安調査官には破防法に基づいて調査権が付与されているが、公安警察と

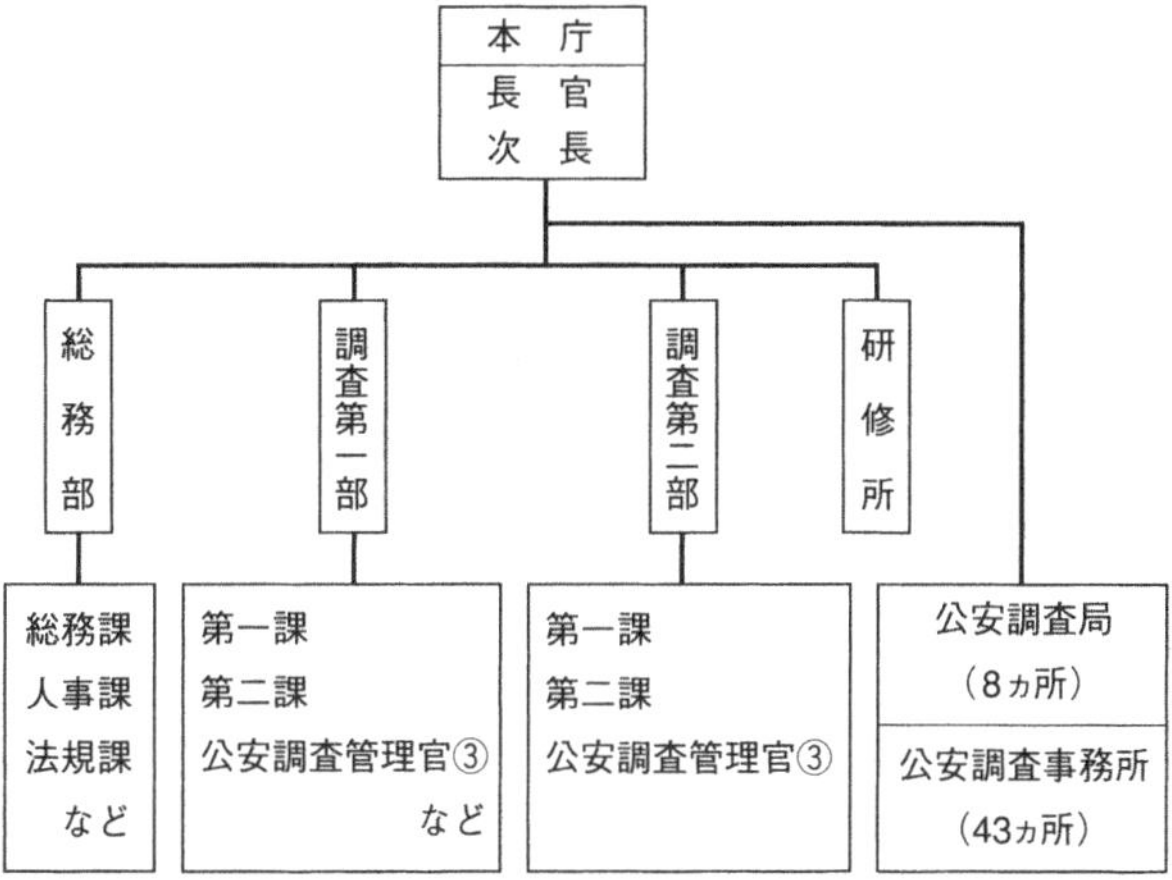

公安調査庁組織図

違って証拠物の押収、家宅捜索など強制権限は一切排除され、その活動は任意調査に限られてきた。また、公安調査庁は破防法に基づく団体規制のための調査・請求官庁にすぎず、法律上その情報収集活動は、団体規制のために必要な範囲に限られているのである。これを押し広げようともがいているのが公安調査庁の現在の姿ともいえる。

公安調査庁の機構

公安調査庁の機構は近年、たびたび改革が加えられてきたが、一九九七年四月時点の組織図によると、その組織機構は次のようになっている（図参照）。

庁内の庶務や人事、会計、国会対策、法令関係などを所掌するのが総務部。配下には総務課、人事課、法規課などが置かれている。

本業の調査部門は調査第一部、第二部に分かれており、国内部門を所管する調査第一部の下には部内庶務や労組、経済、大衆・市民運動を含めた国内公安動向全般の調査を担当する調査第一課、中核派や革労協など新左翼セクトを受け持つ調査第二課が置かれ、さらに日本共産党調査にあたる「第三部門」、右翼担当の「第四部門」、革マル派などを担当する「第五部門」があって、管理官と呼称される職責の幹部がその業務を束ねている。

一方、外事関係事象や海外部門を所管する調査第二部の下には部内庶務や日本赤軍、よど号ハイジャックグループ、外国人労働者を調査する調査第一課、海外情報機関との折衝や特命事項を担当する調査第二課がある。これ以外にも北朝鮮を中心とする朝鮮半島情勢を所管する「第三部門」、中国動向の「第四部門」、ロシアを中心とする旧共産圏動向の「第五部門」が置かれ、それぞれを管理官が統括している。

高額な謝礼

公安調査庁における調査官の情報収集手法は、公安警察のそれとほとんど変わるところがない。尾行や聞き込み、あるいは団体の拠点や集会に対する視察、協力者獲得・運営による情報入手法に至るまで、全くと言って良いほど同様手法の活動が展開されている。だが、警察組織の一部としての公安警察と行政官庁としての公安調査庁では、組織の成り立ちから派生する権限の相違によって、情報源へのアプローチの仕方が若干異なる。

典型例が協力者に対する謝礼であろう。謝礼金については一般的に公安調査庁のほうが高額であるとされ、幾人かの公安警察官から「我々が信頼関係で情報を得ているのに対し、公安調査庁はカネを餌にしている」とのセリフを耳にしたこともある。この見方は一方的にすぎるとはいえ、公安警察が警察組織の一部であるが故に、当然のこととして持つ数々の強権を対価とする情報活動が可能であるのに対し、公安調査庁の調査官には一切の強制権限がないことも、カネに頼る情報収集＝高額の謝礼金につながっているのは事実のようだ。

しかし、両者の根本的な手法に相違があるわけではない。公安調査庁が公安警察と同種の活動をしていることを証明するために、最も中枢的な情報収集の手法である「協力者工作」のケースを検討してみよう。材料とするのは一通の公安調査庁の極秘文書である。

協力者獲得マニュアル

表紙に「取扱注意」の朱印が押され、「工作・基礎調査事項」と題された公安調査庁の協力者獲得作業のマニュアル文書が手元にある。一読すれば明らかなとおり、その手法は公安警察のそれと完全な相似形をなしている。

文書によれば、協力者獲得の「作業過程」として掲げられた事項は次の四点に大別される。

第一　めぼしい人間の選定［予備対象者の選定］＝日常的に役に立つ人間、指導的な人間、工作条件のある人間等を仕分ける。

第二　調査の開始［基礎調査の開始］＝基礎調査は工作の成否を決定する重要な仕事。無用な摩擦や紛争を避けるため、特に綿密、周到に行うこと。

第三　最終選定＝紛争に発展する可能性が大きいか、獲得した場合、情報収集面で効果があるか、担当官を誰にするか等を検討する。

第四　獲得工作の開始［説得焦点の決定］＝つまり具体的な動機づけには、感情的・思想的・物質的の三要素がある。

感情的―組織内の不平不満、組織内派閥・対立のため安全感の欠如、組織内の非人間性に根ざす組織活動への幻滅

思想的―心境に変化をもたらした原因・動機を深く究明することが必要

物質的―経済的な面での必要性及び金銭的な誘惑による

文書に記された「調査事項」も公安警察と同様、きわめて広範囲に及んでいる。例えば

「身辺調査」としては以下の項目を挙げる。

「身元（本籍、出生地、現住所、氏名、ペンネーム、生年月日）、人相、特徴、風体、生い立ち、経歴（学歴、職歴、団体活動歴、前科）、思想傾向（組織内の地位、環境、組織活動に関する心境）、家族状況（家族構成、健康状態、就職、入学、進学の有無、病気等）、経済状況（職業、収入、資産、住居、家族の生活実態等）、社交面（親戚、友人、知人との交際状況）、性格（個性、趣味、嗜好、素行等）、本人の問題点（困惑、煩悶の有無と事情、組織に対する不平・不満、家庭内での軋轢、その他、生活上、思想上の困惑、苦悶）、健康状態と特殊技能、他の治安機関との関係の有無、工作推進上妨害となる事項」

これらの調査によって、公安調査庁が描く「工作に都合の良い人物像」との照らし合わせが実施される。再び文書の例示を引く。

・有能な活動家であるが、比較的意志の弱い人物
・組織活動に対し、不平不満を抱いている人物
・経済的に困窮している人物
・自分の力で救済することの出来ない事案に直面している人物
・担当調査官と特別の間柄にある人物

・強力な影響のある第三者の紹介の得られる可能性のある人物
対象者を選ぶポイント
身辺調査＝基礎調査が終わると最終的な対象者選定に入るのも公安警察の手法と同じだ。参考までに文書が記す「対象者選定の着眼点」とその根拠も一部を列挙しておこう。
(1)既存資料の活用――個人カードの利用
(2)公然資料の活用――「赤旗」、選挙用ビラ、官公庁発行の機関紙・誌
(3)他機関の利用――入国管理局、海上保安庁、福祉事務所、職業安定所、市町村役場の外国人登録係、官公庁の勤労係等
(4)既存協力者の利用――協力者が直接所属する組織以外の他の組織のことを聞く
(5)第三者の利用――担当官の知人、恩人、親友、同窓生等。しかし、調査の事実を対象者に知られる危険性は聞き込みの方法よりはるかに多い。したがって、第三者を利用する場合には、対象者の基調に準じて慎重に調査しておく必要がある
(6)聞き込み――必ず「聞き込み先」についても十分注意を払う必要がある
(7)尾行・張り込み――尾行・張り込みは調査官自身の直接調査であって、「無から有を

生ずる」最も価値ある手段である。しかし、察知されたらしいと感じたら早急に中止し、別の機会に行うことが必要である。また、監視調査は、一定の期間、粘り強く集中的に取り組まないと成果が期待できない

最近、公安調査庁の最高幹部が現場の新人調査官を前に、こんな訓辞をしている。これも同庁が協力者獲得工作をどのようにとらえているかを推し量る意味で興味深い発言だ。

「工作手法はいろいろ考えなければならない。相手に合わせた工夫をする必要がある。そこで皆さんにお願いしたいのは、我々が我が国の治安を担っているんだという気概を持って工作に当たることだ。工作には時代にあったやり方がある。初めて取り組む人は相当な不安がある。それを解消するためには、こちらが強い決意を持つことだ。我が国の治安の維持という重要な役割を持っているんだという気持ちを持って、皆さんのような若い人に頑張ってもらいたい」

公安警察との不仲

ところで、公安調査庁の存立基盤をなす破防法は警察との関係を次のように定めている。

「公安調査庁と警察庁及び都道府県警察とは、相互に、この法律の実施に関し、情報又は

資料を交換しなければならない」（二一九条）
だが現場調査官と公安警察官との関係は、ほとんどの場合において最悪である。視察や協力者工作という中心的な作業上で競争関係に置かれているせいか、同じベクトルを指向する公安情報収集組織としてのライバル意識によるものか、双方が協力して情報収集にあたることは全くといってよいほどない。逆に一人の協力者を奪い合うことも稀ではなく、公安調査庁が運営している協力者を強権にまかせて公安警察が寝返らせたり、公安警察の運営する協力者をカネにあかせて公安調査庁が奪い取ることすらあるという。
だが両者の不仲を決定づけているのは、公安警察側の高いプライド、そして公安調査庁側の抜き難い劣等感であろう。情報収集網において強大な装置を有し、刑事警察とは趣を異にするとはいえ事件が発生すれば捜査に乗り出して容疑者の検挙を目指すことで「治安を守っている」との強烈な自負がある公安警察にとって、公安調査庁の調査官は目的もなく漫然と情報を集めている怪しげな組織に映るだろうし、公安調査庁側の目には公安警察が強大な権限の上にあぐらをかいている鼻持ちならない集団に映る。このあたりが双方の対立の原因と考えるのが妥当なところだろう。

2——公安調査庁の歴史と野望

内務省調査部が源

既述のとおり、公安調査庁は一九五二年に設置されたが、その源流は一九四五年九月、当時の内務省に設置された「調査部」にさかのぼる。同部は翌四六年に局へと昇格し、四七年に内務省が廃止されると総理庁に移管。四八年二月に当時の法務庁の所管に移され、特別審査局として思想取り締まり機関的色彩を強めた。

内務省調査局当時は職員のほとんどを生え抜きの内務官僚が占め、「特高警察の復活」とまで名指しされたが、特審局は当初、軍国主義者・超国家主義者の追放・監視が主な任務だった。ところがGHQによる占領政策の逆コース化が本格化し、朝鮮戦争が勃発する前の一九四九年から五〇年ごろにかけてその性格は百八十度転換。矛先は一気に左翼勢力に向かい、レッドパージや共産党調査専門の治安機関へと変貌した。

この特審局が、占領体制終了後の治安法規の目玉として強行された破防法成立と同時に公安調査庁として再発足する。公安調査庁設置法附則によれば、特審局職員はそのまま公安調査庁職員へと横滑りした。

2章でも触れたとおり、破防法成立に関しては世論の激しい反発が起きた。それ故に団体規制請求へのハードルは高く、過去には大嘗祭《だいじょうさい》などを控えた一九九〇年、ゲリラを多発させた中核派への適用などが検討されたことはあったものの結局は見送られ、破防法成立から四〇年以上、公安調査庁はただの一度として団体規制請求を行えないままに時をやり過ごしたのである。

組織改革の波

「遊休官庁」「リストラ対象官庁」——長らく死に体だった公安調査庁に対し、こんな形容が投げかけられるようになったのは当然だったのかもしれない。だが野党勢力ばかりか、保守陣営からすら不要論が噴き出すに及び、公安調査庁は強い危機感を持つ。同庁が存亡をかけて大規模な組織転換に乗り出したのは一九九四年ごろのことだ。目指したのは、破防法に基づく共産党対策的な旧来型の調査・規制請求機関から、調査対象を大幅に拡大することによる「公安情報の総合官庁」への脱皮だった。

同年に作成された公安調査庁の内部文書「業務・機構改革の趣旨と改革の骨子」及び「業務・機構改革問題の経緯と概要」はきわめて注目に値するものだ。

「当庁は、(略)東西冷戦構造による情勢の変化などをきっかけに、この2、3年の間、さまざまな政治レベル等で厳しく組織の見直し、改革問題が取り上げられてきた。現在も行政事務レベルでは業務・機構の抜本的見直しを迫る改革要求があり、政治レベルでは行革絡みでの縮小・統合論に晒されており、当面この『業務・機構改革問題』は当庁の存亡に係る重要問題となっている」

そして文書は以下、「これまで当庁の調査対象は狭すぎた」と断じ、こう明記する。

「従来の調査対象団体にとどまらない幅広い団体等の動向の把握、そしてこれらをもとにした可能な限り早い段階での公安への脅威の分析、予測等に取り組んでいく」

破防法の持つ強力な基本的人権侵犯の潜在的可能性ゆえ、同法は運用についてきわめて厳格な条件を課している。調査対象については「過去に暴力主義的破壊活動を起こし、将来も起こす恐れのある団体」に限定され、公安調査庁自身もそれまで、慣例的とはいえ内部で調査対象団体を指定して調査に当たってきた。だが組織不要論が噴出するに至って、調査対象団体の大幅拡大による情報機関化への道を選び取ろうとしていた。この路線に従った組織改革は一九九五年度に実施に移される。目玉の一つは、二一一ページの組織図でも説明したとおり、調査第一部における対象団体を限定しない「公安動向一般」に対する調査活動の開始であった。

市民オンブズマンも調査対象

例えば、こうした機構改革をうけて近畿公安調査局が作成した内部文書「一九九六年度業務計画（国内公安動向関係）」及び同局の「重点解明目標」は驚くほど広範な調査対象を指定している。一例を挙げれば次のとおりだ。

〔政治・選挙関係〕では「各種世論調査結果や行政要求行動などにみられる有権者、特に無党派層の政治意識、政治的関心事項の把握」「原発・基地問題などが争点となる各種選挙」

〔経済・労働関係〕では「中間管理職、パート、派遣労働者、外国人労働者など未組織労働者の組織化をめぐる労働団体の動向把握」

〔大衆・市民運動関係〕では「市民オンブズマンの行政に対する告発運動の実態把握」「産直運動、食品の安全行政の充実強化を求める運動、大気汚染・リゾート開発・ゴミ問題等への取り組み」

〔法曹・救援、文化、教育関係〕では「死刑廃止や人権擁護の取り組みの実態把握」「いじめ・不登校問題、日の丸・君が代反対などに対する諸団体の動向把握」「左翼法曹団体、弁護士会による司法改革や破防法反対の取り組みの実態把握」

中でも、近年活動を活発化させている市民オンブズマンに対しては「運動の矛先を我が国の治安部門に及ぼそうとしていること、情報の全面公開を柱とした『情報公開法』の実現を目指していることを考え合わせると、運動は今後、加速度的に〝権力中枢〟へと矛先を向けていくものと思われる」と決めつけ、調査の必要性を強硬に主張。市民団体側から抗議を受けた場合には「日共や過激派等の調査に関連づけて説明できるよう訓練させている」とまで記されている。

各分野で具体的を挙げられた団体に目を移すと、日本ペンクラブ、日本ジャーナリスト会議、日教組、アムネスティーなど、およそ破壊活動とは関係のないものにまで及んでいる。マスコミ関連団体にまで調査の触手を伸ばしていることには驚くほかないが、独善的な発想の下、「公安の維持」を名目に市民運動と呼ばれる活動すべてに範囲を広げ調査の網をかぶせようとしている実態が浮き彫りになっているといえよう。

オウム事件という〝チャンス〟

公安調査庁次長から全国八ヵ所の公安調査局長に宛て、一通の文書が一斉にファックス送信されたのは一九九五年三月二三日のことだった。標題部に記された件名は「サリン・オウム真理教特別調査本部の設置について」。公安調査庁がオウム真理教に対する調査に着手したことを告げる文書だった。文書はこう指令を発した。

「三月二〇日に発生した地下鉄駅構内サリン使用無差別殺傷事件に関し、宗教法人『オウム真理教』の関与が濃厚となっていることに鑑み、三月二三日付けをもって調査第一部第四課長を本部長とする標記特別調査本部を本庁内に設置した。各局・事務所にあっては、同教団の調査に万全を期せられたい」

対左翼調査機関として発足した公安調査庁が、カルト宗教団体に対する調査に乗り出すのは異例の事態だった。だが〝遊休官庁〟とのレッテルを貼られる中、調査対象の大幅拡大によって生き残りを図ろうとしていた公安調査庁にとって、オウムの出現は組織の存在意義を示すための絶好のチャンスともいえた。

起死回生を狙った初の団体規制請求が行われたのは、調査着手から一年強を経た一九九六年七月一一日のことだった。しかし翌九七年一月三一日、公安審査委員会が下した決定は「請求棄却」。教団幹部のほとんどが逮捕されたことなどから「将来、暴力主義的破壊活動を行う明らかな恐れがない」というのが棄却理由の中心をなした。

破防法適用に対する世論の広範な反発も大きな影響を与えた。公安調査庁の調査も単なる新聞記事の引き写しや謝礼金、脅迫まがいの調査によって得た出所不明の供述が証拠として提出されるなど、ずさんをきわめた。とはいえ、公安審査委員会の指摘どおり、法律解釈上、明らかに破防法適用の条件を満たしていなかったことが大きかった。警視庁公安部幹部ですら、公安調査庁が調査に乗り出した直後に「破防法の話は公安調査庁の問題だ」

と前置きしながらも公然とこう述べている。調査開始からわずか二ヵ月後、一九九五年五月末時点のことだ。

「私見だが、幹部のほとんどが逮捕されており、今後破防法の団体適用が必要とは思っていない」

請求が棄却された公安調査庁のショックは大きかった。その影響だろうか、ここ数年、同庁からは情報機関としては組織のタガが外れたとしか思えないほど大量の極秘文書が外部へと漏れ出ている。これらの資料を検討することは、治安機関が危機に瀕した際、どのような指向性を持ち得るかというきわめて貴重な検証例となろう。入手に成功したいくつかの文書を基に、関係者の証言を交えながら近年の公安調査庁の漂流ぶりを追う。

3——必死の生き残り戦略

「不要論」に抗う

一九九七年二月中旬。霞が関の公安調査庁本庁会議室で、数人の幹部が激論を交わしていた。組織の存亡を掛け、その歴史上初めて乗り出したオウムへの団体規制請求が棄却されたばかりだった。このままでは再び不要論が浮上するのは必至だ。そんな雰囲気の中で開かれた会議のテーマが公安調査庁の今後について及ぶと、幹部の一人が必死の形相で訴えた。

「最近、査定官庁である総務庁などから、当庁の存在意義が問われるケースが頻発している。そのたびに破防法に基づく団体規制の請求官庁としての役割を必死で強調するのだが、『警察の捜査が相当進まないと規制できないのなら意味がない』と切り返されてしまう。どうしたらいいか」

別の幹部が反論した。

「警察は犯罪が起きた後じゃないと動けないはずじゃないか。予防的見地からも機動的な保安処分をなし得る行政官庁が是非とも必要だ。それこそが我が庁だ」

この言葉に同調する幹部は多かった。意見は百出し、議論は必然的に破防法の解釈論、果ては破防法改正論にまで及んだ。

「破防法では『暴力主義的破壊活動を行った団体に対する……』と定められている。これだけみると、我が庁も結局は事後的にしか動けないように見える。だが、『予備・陰謀』規定を使えばうまくやれるんじゃないか」

「とにかく、破防法改正によって公安調査官に強制調査権、資料閲覧権を与えるべきだ」

「もっとも現在の人員では、強制調査権を与えられても、警察の〝金魚のフン〟になるのがせいぜいじゃないか」

「いや、それでも強制権獲得のため、やれることは何でもやるべきだ」

「破防法改正私案」

この約一年半前にあたる一九九五年九月から一二月にかけて。公安調査庁本庁の総務部法規課のキャリア職員らが独自に、そして密かに、あるプロジェクトをスタートさせた。オウム調査で庁内が騒然とする中で始まったプロジェクトだった。その成果は九五年末、一通の文書にまとめられる。一二月二七日付の文書は「破防法改正私案」と題名がふられた。

文書はプロジェクトの目的をこう総括した。

「当庁を取り巻く環境は、大きな変革を迎えており、冷戦の終結による当庁不要論の渦巻く中でのオウム真理教による重大不法事案の発生、世論の破防法待望論など、従来からは予想だにしない状況となった。

当庁は、平成七（九五）年六月頃より、オウム真理教に対する破防法適用に向けて鋭意調査並びに準備に取り組み、（略）同年九月ごろには（略）適用に向けて動き出す寸前までに至った。しかし、当時の総理大臣の慎重発言及びマスコミによる適用反対のキャンペーン

などにより、延期を余儀なくされた。（略）

そこで、法の不備を補い、かつ、当庁が発展する組織に変わりうるべく改正私案の作成を試みた」

それは驚くほど大幅な公安調査庁の権限拡大を企図した破防法改正案だった。

改正私案の要点は数多い。だが、最も重要な柱は、これまで任意でしか行えなかった公安調査官の調査に強制権を付与することだった。

「従来の協力者を通じた任意調査を基本とした証拠収集は、対象団体に調査活動の実態を知られることなく高度の情報が得られるなどのメリットがある一方、協力者の獲得に一定の時間がかかり、また、協力者保護のため弁明手続における証拠開示が困難であるなどの問題も抱えており（略）不十分の感がある。

従って、今後、（略）従来の任意調査と併せて、①事前の立入調査・質問権②令状による臨検、捜索、差押（略）などの強制力をもった調査が実施できるようにする必要がある」

規制と調査の対象となる団体については、①過去に暴力主義的破壊活動を行った疑いがあり、将来もこれを行うおそれがある団体②過去に暴力主義的破壊活動を行っていないが、将来行うおそれがある団体――とした。

これを具体的に規定したのが改正私案の二八条だった。強制権はあくまでも行政機関に認められた行政調査であるとし、令状などの手続きすらないまま調査が行えるとした上で、拒否した場合には罰金二〇万円と規定。また調査に必要と判断した場合、官公庁や公私の団体に対して報告や資料の提出を求めることもできることとした。さらに暴力主義的破壊活動の中に新たに電波法違反(無線通信の妨害)、有線電気通信法違反(有線電気通信の妨害)、公務執行妨害までを含め、果てはこれらの「未遂」までをも暴力主義的破壊活動に包含しようと規定していた。

つまり、過去に暴力主義的破壊活動を一度たりとも行っていなくとも、公安調査庁が「危険」と判断すれば、どのような団体に対してであろうと調査が可能であり、場合によっては強制的な立ち入り検査すらなし得るというきわめて強権的な改正私案だった。

盛り上がる改正論

時計の針を再びオウムへの規制請求棄却後に戻す。請求は退けられたものの、オウムに対する世論の反発は教団施設のある自治体を中心に広がりを見せ、その広範な忌避意識によって破防法改正論も盛り上がりを見せていった。公安調査庁内でも直ちに改正の検討作業が開始された。作業には改正私案を作成したキャリア職員も中心メンバーとして加わった。会議の場には間もなく、大枠で以下のような改正方針を記した文書が提出される。

・証拠の立証については、厳格な立証を要せず、自由な立証で足りるとの規定を設定する。
・弁明手続きの簡素化など規制手続きを効率化する。
・公安調査官に強制調査権限を付与する。
・多様な規制の在り方として
①保安処分としての本質から、処分性がない団体についても任意調査を可能とする。
②公安調査庁長官が『破壊的団体』を指定した場合、団体への質問権、立入調査権などを規定する。
③公安審査委員会によって暴力主義的破壊活動を行ったと認定された場合、『指定破壊団体』(仮称)として質問、行政指導、罰則による間接強制を伴う立入調査権を規定する

明らかに改正私案に沿った方針だった。公安調査庁幹部たちの視野にも、請求棄却直後の会議で激論を交わした破防法改正が現実感を持って立ち現れ始めていた。そして一九九九年五月三一日、法相陣内孝雄が公安調査局長・事務所長会議でこう明言するに至る。

「より有効で適切な団体規制ができるよう破壊活動防止法の改正を図る」

「オウム新法」浮上

だが、結論を先に言えば、〝オウム封じ込め〟のための手段として公安調査庁が狙った破防法改正は結局のところ、挫折する。

「自自公」与党体制下での破防法改正は、公明党の反発が予想された。これを危惧した官房長官野中広務が破防法の改正に難色を示したことなどによって、オウムをテコにした破防法改正は当面見送られた。代わって浮上したのがオウム真理教対策の特別立法としての「無差別大量殺人行為を行った団体の規制に関する法律案」(団体規制法案)だった。

同法案は一九九九年一二月三日成立した。破防法改正が見送られたとはいえ、同法には公安調査庁が検討を重ね、念願ともなっていた立ち入り検査権限が盛り込まれた。オウム対策といいながら、法制上は当然のこととして対象団体はオウムに限られず、拡大解釈される恐れも多分にはらんでいる。法案に対しては「第二破防法にすぎない」との指摘も上がっている。だが、公安調査庁にとっては痛し痒しといった状況もあるようだ。

破防法改正が当面は挫折した直後、ある公安調査庁の中堅幹部がこう語っている。

「究極的には破防法そのものを改正しなければならない。でないと、このままでは当庁がオウム対策のための残務処理官庁に成り下がる恐れがある」

公安調査庁が破防法本体の改正を諦めたわけではないことだけは明白だろう。

「政治家に接近せよ」

最後に、破防法改正以外における最近の公安調査庁の動向にも目を向けておこう。組織自体が長らく存亡の危機に瀕してきた以上、生き残りのための手段は必然的に絞られていく。治安機関として最も手っ取り早いのが「政治との癒着」である。

公安調査庁が必死で政治に取り入ろうともがいていたことを示す内部文書が手元にある。題して「情報提報《(ママ)》と活用の在り方について」。「草案」と記されているが、一九九八年三月二五日付で作成された純然たる公安調査庁の内部文書であり、この文書もまた、表紙に「取扱注意」の刻印が打たれている。公安組織が生き残りのために公然と政治と癒着しようとしていることを示す文書としてはきわめて貴重なものである。公安調査庁は何を狙っているのか。一部を引用する。

「はじめに

平成八（一九九六）年来、省庁の再編や行政機能の見直しに取り組んできた政府の行政改革会議は、平成九（九七）年一二月三日に公表した「最終報告」において、公安調査庁を法務省の外局として存置することを認める一方で、公安調査庁の「今後の在り方」に関し、①組織のスリム化を図る、②相当数の人員を在外における情報収集活動の強化、内閣における情報収集、分析などの機能の充実のために充てるものとするなどの改革案を提示した。(略)行政改革会議が内外情勢の変化に伴って、団体規制機関としての公安調査庁の存在意義に疑問を呈しながらも、存置を認めかつ具体的な改革案について政府に検討を委ねたのは、その背景に公安調査庁の情報機能を有効に活用したいとの政府の思惑があったためであり、公安調査庁存置の決定は、情報機関としての活用を前提にしたものである」

滑稽なほど自家撞着的に意義を断じた文書は以下、

「公安調査庁が入手した情報については、今後積極的に官邸、関係機関に提報していくことを庁の基本方針として意思統一すべき」

と続き、「情報提供分野」の一つとして驚くべき一項目が明示される。再び文書を引く。

「議員の最大関心事は、選挙及び地元情報であることは明らかである。そこで、共産党など当庁得意分野に焦点を当てた地元選挙情報を作成し、説明に赴くことが議員との関係を深めるのに効果的と考えられる」

情報機関たろうとする公安調査庁が、職務として収集した選挙情報を特定の議員に提供する——。明確な謀略機関化であろう。公安調査庁と政治との結合に関しては、過去に「パチンコ疑惑」としてマスコミや国会で問題化した事案が公安調査庁作成の調査資料によるものだったことが分かっている。情報機関が政治と癒着することは必然でもあろうが、それを文書で公言するのはタブーとも言うべき所業だった。

4——内閣情報調査室の現状

米国情報機関の補完的役割

さて、公安警察が大きな影響を及ぼしている公安情報機関「内閣情報調査室」についても簡単に触れておこう。

内閣情報調査室は「内閣の重要政策に関する情報の収集及び分析その他の調査に関する業務をつかさどる」(内閣法及び内閣官房組織令)とされる内閣官房の一組織である。

サンフランシスコ条約発効の直前に当たる一九五二年に総理府の組織として発足した内閣総理大臣官房調査室が源流となり、一九五七年、内閣法の改正及び内閣官房組織令に基づいて内閣調査室へと発展。一九八六年、内閣の総合調整機能強化のための内閣官房の組織再編の一環として、内閣情報調査室に名称を変更し、現在に至っている。

組織のトップである室長には代々、警察庁警備局幹部、あるいは経験者が就任する。公安警察の色濃い影響下にあり、過去にはこんなレポートがある。

「内調は、占領解除にあたって米国情報機関の補完的役割を担うため創設された。共産圏諸国の動向監視、なかでも日本に課せられた課題は『北京ウォッチャー』だった」（朝日新聞社編『新情報戦』）

警察庁から多数出向

手元にある内閣情報調査室作成による内部文書（一九九五年四月付）から、その組織、予算、活動状況をスケッチしてみよう（次のページの図参照）。

組織の事務区分は「総務部門」「国内部門」「国際部門」「経済部門」「資料部門」に大別され、室長、室次長の下に各部門の連絡調整や重要情報の総合分析などを行う「総務部」、国内情報の収集や世論動向、マスコミ論調を分析する「国内第一部」「同二部」、外国政府の政策動向や海外マスコミの論調を担当する「国際第一部」「同二部」、国内外の経済情報収集や学識者による研究提言取りまとめにあたる「経済部」、資料整理部門の「資料部」が置かれている。定員は八四人。これ以外にも各省庁からの出向職員も多くを占め、併任者も含めると総員は約一二〇名程度だ。

出向者の中でも最大人員を占める警察庁は併任者も含めて約二五人を内調に送りだして

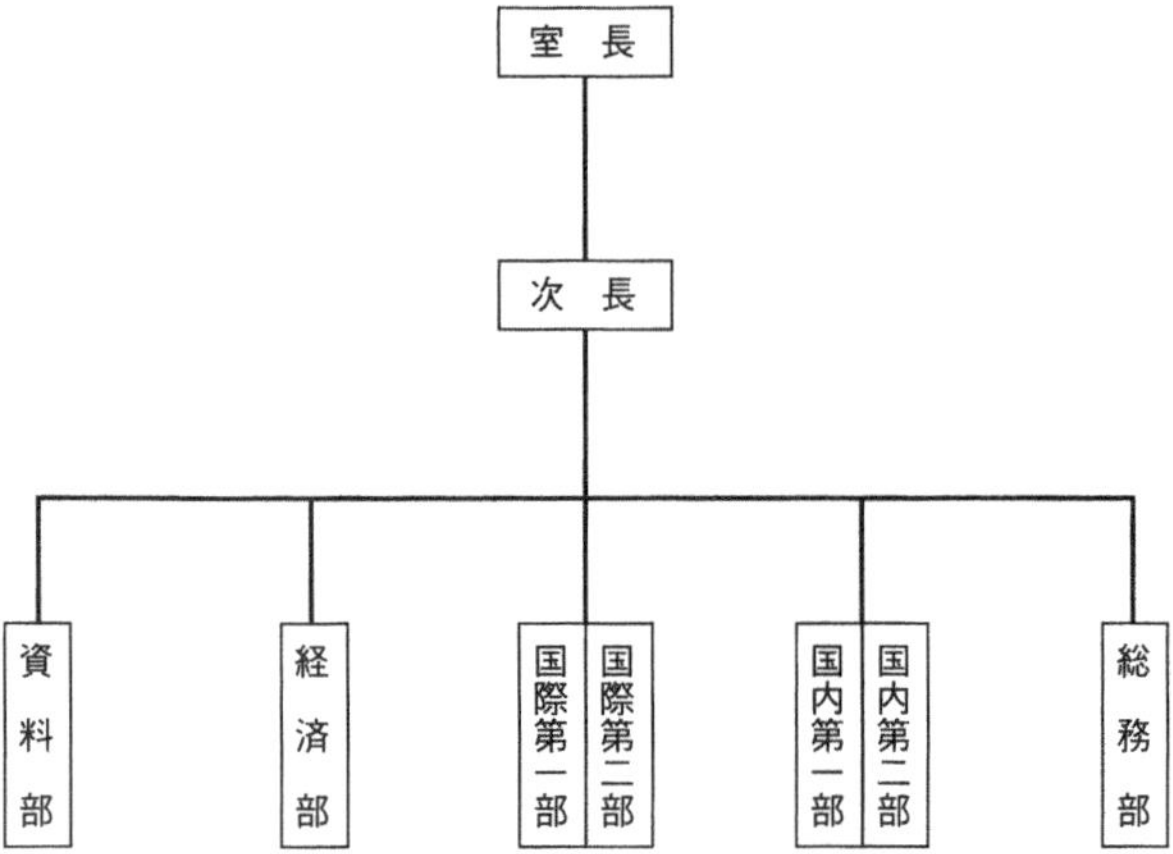

内閣情報調査室組織図

いる。この他、公安調査庁からも二人の併任者を出し、外務、大蔵、農水、通産、労働、厚生、郵政などから専任者、併任者を輩出している。

内閣情報調査室の予算「情報の収集及び分析その他の調査に必要な経費」は九五年度予算案で総額約一八億九〇〇〇万円。うち情報収集を外部に委託する経費が一二億五〇〇〇万円を占め、報奨費など独自の情報収集・分析経費が約六億三六〇〇万円となっている。調査委託機関には通信社などのほか、「世界政経調査会」(港区赤坂、九五年度予算案の調査委託費・約三億二〇〇〇万円)、「東南アジア調査会」(千代田区丸の内、同・約一億一〇〇〇万円)、「国民出版協会」(港区虎ノ門、同・約一億四六〇〇万円)などがあり、そのトップにはほとんど警察や内調OBが天下っている。

防衛庁の「公安」

かつて防衛庁の陸上幕僚監部に旧共産圏諸国などの無線傍受を生業とする調査第二課別室、通称「二別」と呼ばれる組織があり、約一〇〇〇人の人員を擁して全国六ヵ所の電波受信局で無線を傍受していた。一九九七年一月、陸・海・空の三自衛隊と統合幕僚会議の情報部門を統合する組織再編が実施されたのにともなって変革が加えられ、防衛庁情報本部電波部となっているが、その指揮系統は内調の室長が握っており、ここからもたらされる情報も内調の貴重な情報源だ。また一九九六年五月には内閣情報集約センターと呼ばれる機関が発足し、二四時間体制で緊急情報を収集・集約し、総理大臣、官房長官等へ伝達するという業務も行っている。

しかし、情報収集の手足となる直接の実働部隊を持っていない以上、調査活動にはおのずと限界がつきまとう。前述のように、過去にはCIAなど米情報機関の補完的な役割を果たす中で謀略的色彩を帯びたとの指摘も多く、「内閣調査室は事実上CIA直属の下請機関として存在し、（略）機構、人脈そのものがアメリカの情報機関に従属している」（吉原公一郎『謀略の構図』）「かつては（略）あきらかに公安機関と密着していた札つきの雑誌を使用して反共宣伝をしていた内閣調査室が、一方では文芸春秋社のような大手の出版社を通じて世論工作を行なうというように、（略）その手口が『スマート』になってきた」（同『謀略列島』）との指摘もあるが、「独自情報はなく、新聞の切り抜きでお茶を濁しているだけ」（ある内調職員）との証言もある。

現実には室長を始めとする時の幹部の資質によって活動の質が大きく左右する傾向も大きいと見られ、最近の内調室長の中には大手マスコミはもちろん、右翼団体幹部や情報誌の編集者に至るまで自らが積極的に接触し、さまざまな情報をリークすることで世論操作まがいの動きを取っていた人物も存在した。

本章で紹介してきた公安組織に対しては、キャリア幹部の出向者を送り出すことで警察が及ぼしている影響力も大きい。内調に室長以下、数多くの警察官僚が出向していることは記したが、このほか防衛庁では審議官や前出・情報本部電波部長などの席は警察からの出向官僚によって占められ、公安調査庁でも調査第一部長など幾つかの幹部席は警察官僚の指定席となっている。

8　監視社会と公安警察

岐阜県内の国道に設置されたＮシステム

1——道路に光る監視の目

発達するテクノロジー

コンピューターの液晶画面に映し出された都心の地図。ところどころに人の形をした影が浮かぶ。東京都新宿区にある大手複写機販売会社の本社。画面上の人影は、機器メンテナンスや消耗部品交換などのために都内各地へと散っている同社のエンジニアだ。時折人影の位置が動き、エンジニアの移動している様子が手に取るように分かる。

同社幹部が言う。

「このシステムで出先にいるエンジニアの現在位置と移動状況を一日中把握するんです。顧客から故障などの連絡が入った場合、画面を見ていちばん近いエンジニアを向かわせることができます。効率化や経費節減とサービス向上の両面で非常に効果的です」

システムはPHSが発する電波を使って所有者の居場所を把握するサービスを利用しており、担当者によれば「地形などにもよるが、誤差は一〇〇メートル程度」。複写機販売会社の本社内にあるコントロールルームでは、一〇人程度のオペレーターが顧客からの電話を受けながら、画面を凝視し続ける。

システムを開発した会社の担当者は「将来的には数メートル単位での位置把握が可能になる」と胸を張る。だが、複写機販売会社幹部は苦笑する。

「そこまでやると人権上も問題がね……。オペレーターには今も『エンジニアの動向を必要以上に詮索するな』と言ってあるんです」

案内をしてくれた同社幹部と並び、画面に映る人影と、椅子に座ってそれを見つめるオペレーターを眺めているうち、形容しがたい不快感がわき上がってきた。いくら効率的だろうと、いくら仕事中だろうと、一日の自分の移動状況がすべて監視されているなどというのは尋常なことではない。

テクノロジーの発達と裏腹に制限されるプライバシー。こう表現してしまえば陳腐かもしれない。だが、こんなシステムを公安警察が縦横無尽に駆使し始めたらどうなるか。そんな不吉な予感もわき上がる。実を言えば、その芽はすでに出始めているのである。

Nシステム

道路をまたぐように設置された数台のカメラ。下を車両が通過するたびにレンズがうっすらと赤く瞬く。「自動車ナンバー自動読み取りシステム」。通称「Nシステム」と呼ばれる装置だ。全国の幹線道路や高速道路に設置され、通行した全車両のナンバーデータを無人カメラで記録する移動車両監視装置である。読み取られた情報は通信回線を通じ、すべてが警察のコンピューターに送られている。

Nシステムの反対運動に取り組んでいる交通ジャーナリスト、浜島望は言う。

「登録された車両が通過するとコンピューターが反応する。蓄積されたデータは後からの検索も可能で、ナンバーを入力すれば、目的の車両がいつ、どこに移動したかが瞬時に分かるシステムです」

Nシステムをめぐっては一九九八年三月、東京や横浜の市民が「肖像権を侵す」「プライバシーの侵害」などと訴え、国を相手に損害賠償請求訴訟を起こしている。この裁判の中で、国側はシステムの概要の一部を明らかにしている。国側の説明はこうだ。

「本件システムの仕組みは、道路上に設置した端末装置のカメラで通過する車両をとらえ、そこで得られた情報を端末装置に内蔵されたコンピューターで高速処理し、ナンバープレートの文字データを抽出し、これを通信回線で各都道府県警察の警察本部に設置された中央装置に送り、中央装置のコンピューターが当該データとあらかじめ登録されている手配車両のデータとを自動的に照合する。読み取ったデータは、犯罪の発生から警察による事件の認知、あるいは容疑車両等の割り出しまでに時間がかかる場合があるため、その後一定期間保存され、捜査上必要がある場合には、これを検索することができる。また、データは当該都道府県を管轄する管区警察局に設置されたサーバにも送信されて保存されており他の都道府県警察の管轄区域内に設置された端末装置によって読み取ったナンバーデータを検索することができる」

つまり記録されたデータは、警察庁を始めとする警察組織のどこからでも検索可能で、調べようと思えば目的や時期を問わず、誰が所有する車両であろうと、その移動状況を容易に把握できるということになる。

Nシステム問題に詳しい弁護士の桜井光政は不気味な予測を口にする。

「このシステムが増えていけば、国民全員が複写機会社のエンジニアと同じ状況に置かれる可能性が出てくる」――。

張り巡らされる監視の目

現在、Nシステムは全国で何ヵ所に設置されているのだろうか。運用する警察庁側は「八六年から整備され、九七年末段階で幹線道路を中心に約四〇〇ヵ所」と説明しているが、設置場所などの詳細は「捜査上の秘密」を根拠に明らかにしていない。

一方、市民団体などの調査によると、一九九九年八月末現在で東京の九四ヵ所、大阪の四六ヵ所を筆頭に全国で五六六ヵ所に設置され、今も毎年約五〇台ものペースで増え続けているという。費用は一台で約一億円。市民団体側作成による「Nシステムマップ」を眺めると、その監視の眼は日本地図上に網の目のように張り巡らされ、特に東京や大阪といった大都市ではカメラの下を通過しないで長距離の移動をするのがほぼ困難な状況だ。

警察はNシステム以外にも数多くの情報網を展開しており、公安警察ではそれが特に顕著だという事実は、本書の中で紹介してきた。これに「精度の高い情報網の一つ」としてNシステムが加わったとするならば、その効果の大きさを推測するのはたやすい。

公安警察の協力者獲得作業における「基礎調査」のケースを想定するだけでも、尾行という発覚の恐れのある手段を講ずる前段階で、車両に関しては対象者の移動場所、移動時間や生活のリズムまでをラフな情報として把握できる。何よりも過去の蓄積データを事後に検索できるという利点は大きい。

もちろん建て前上、システムを管理するのは警備局ではなく、警察庁側は「保存されているナンバーデータは、一定期間経過後は逐次消去される仕組みとなっている。保存期間中であっても、一定の重要犯罪の捜査に必要な場合以外には使用しないこととするとともに、検索用端末装置を操作できる職員を限定するなど厳格な管理措置が講じられている」と反論する。だが法的な拘束力があるわけではなく、使用目的をチェックする術もない。

「犯罪捜査」か「人権侵害」か

「オウム信者の車両が関越自動車道でNシステムにヒットした」

オウム真理教捜査を取材している最中、こういったセリフを警視庁公安部の幹部の口から何度も耳にした。

「教団幹部の車が何日の何時に、この道路を使っている」

そんな分析に基づく事件の見立てもしばしば耳にした。警視庁本部庁舎内に流れていた警察無線からはしきりと「オー・エム（OM）ヒット」（オウム車両を確認したとの意）との符丁が漏れていた。

教団総本部が置かれていた山梨県上九一色村はもちろん、東京、埼玉から北陸、関西地方に至るまで広範囲に及ぶ施設やホテルを転々とし、数々の犯罪を繰り返したとされる信者を追跡するのに、Nシステムが一定の効果を上げていたことも事実である。九四年に起きた富士写真フイルム専務の刺殺事件でも解決の大きなきっかけになったとされ、警察庁側は「重要犯罪で多大な成果を上げている」と主張している。

結局、議論は「犯罪捜査」と「人権侵害」という二つの相反する主張に行き着く。この点について読売新聞で大阪府警担当の事件記者を長くつとめたジャーナリストの大谷昭宏はこう断言する。

「犯罪捜査名目でこれほど強大な監視のシステムを警察に与えてしまうのは絶対に好ましくない。オウム捜査に関して言えば、警察は坂本弁護士事件を解決すべきだったし、解決できなかった原因こそを究明すべきだ。これからの犯罪組織はむしろ、こんなシステムに引っかからない可能性が高く、捜査より政治的な情報収集に使われる恐れのほうが強い」

そしてこうも言うのだ。

「Nシステムなんて捜査のことを何も知らない警察官僚の玩具にすぎない。そもそも税金を使って設置する以上、情報をオープンにし、使用に明確な歯止めが掛かるような方策を先行させるべきだ」

必要と思われる場面で後手に回り続け、硬直化した作業に膨大な人員と金をつぎ込んできた公安警察の生態を考えれば、それはあながち杞憂とは言えまい。

ある関係者は「九七年ごろからNシステムの新設場所などがガラッと変わった」とも指摘する。最近のNシステムは、本州の日本海側や沖縄、あるいは自衛隊の演習地近くなど、犯罪捜査の有益性よりも公安警察的発想による新設が急増しているというのだ。

Nシステムがオウム捜査で役に立ったとも記したが、これは裏を返せば、公安警察が活動の中でフルに活用していたことの証左でもあり、システムが今や、公安警察にとっての大きな武器になっているのも、事実なのである。

警官の女性問題調査にも

Nシステムは犯罪捜査以外に使わないという警察庁の主張を覆す事例も最近になって表面化している。新潟県の地方紙「新潟日報」(一九九九年九月七日付)の記事である。

「(新潟県)中越地方の警察署の課長警部(四〇)が七月、女性警察官との交際をめぐり辞職した問題で、県警がこの元警部の行動を車のナンバー自動読み取り装置『Nシステム』でチェックしていたことが六日、分かった。(略)身内の行動把握に使ったことに対して県警内部からも『装置の乱用で行き過ぎではないか』と批判の声が上がっている。

関係者によると、元警部は元部下の女性警察官と親密に交際。警察署管内を無断で離れて車で新潟市へ行き、頻繁に会っていた。管内を何回も無断で離れた元警部の行動は規律違反の疑いがあったため県警は事情聴取を行い、七月一日付で依願退職となった。

県警はNシステムで撮影、記録したデータをもとに元警部の車の往復日時など行動を詳細に把握していた。一ヵ月にかなりの回数を往復していたことが分かり問いただしたところ、女性警察官と会っていたことを認めたという」

このケースでは身内の警官が対象とされたが、これが公安警察の狙う「協力者候補」の人間であったり、あるいは特定の意図を持って特定の人物に対して利用されたならばどうか――そう考えるのはうがちすぎだろうか。

2――整備進む治安法と総背番号制

盗聴法とオウム新法

監視と管理のシステム進化はテクノロジーによるものばかりではない。法律面ではさらに顕著だ。

一九九九年八月一二日に盗聴法が可決、成立したのに続き、同年一二月三日にはオウム真理教対策のための団体規制法「無差別大量殺人行為を行った団体の規制法」などのいわゆる「オウム新法」が成立した。いずれも本書がテーマとしてきた公安警察、公安調査庁を始めとする組織が深く関与する一種の治安立法である。

盗聴法に関しては語る必要すらないだろう。公安警察は過去に、情報収集を名目として、非合法の内に盗聴を常習的に実行し、その事実が法廷も含めた場で見事に発覚した後ですら「過去にも現在にも一切行っていない」と強弁し続けてきた。

神奈川県警における信じ難い不祥事とその隠蔽体質を引くまでもなく、相変わらず厚いベールに包まれたままの現在の治安機関に、盗聴を合法化する法規を委任できる信頼感と制御能力があるとは思えない。

オウム対策を名目とする団体規制法に関しても同様だろう。

だがオウム真理教の「脅威」を事前に察知すらできなかった公安警察、公安調査庁が事後になって、地域住民の声に乗じたようにオウムの危険性を声高に訴え、治安法を欲する姿をどう分析すればよいのか。

新たな団体規制法については第二東京弁護士会の組織犯罪対策立法問題ワーキンググループも一九九九年一一月、「一般市民の反感を利用して一気に法案の成立を図るようなことは避けるべき」とする意見をまとめ、公安調査庁と警察に強大な権限を与える同法の危険性を指摘して「濫用の危険の大きい緩やかな要件と、極めて広汎かつ徹底した権利制限を内容とする本規制法は、現憲法に抵触するおそれが大」と指摘した。

だが同法によって、観察処分下に置かれた団体（当面はオウム真理教）の施設や関連場所に対しては、公安調査官と警察官に立入検査権が与えられることになった。その際には令状取得の必要はなく、また「検査を拒み、妨げ、忌避したものは一年以下の懲役または五十万円以下の罰金」にする罰則規定も設けられた。検査場所は事前に公安審査委員会に届け出ることが義務づけられているが、公安審が却下することは事実上不可能で、現実的には公安調査庁の判断によって場所の選定が行われる。

では、立ち入り検査の範囲が広がる恐れはないのか――。

これもまた、公安機関の性癖を踏まえたならば、その危惧は限りなく大きいと判断せざるを得ない。まして公安調査庁に至っては、前章でも詳述したとおり、「共産党調査」や「過激派調査」を名目とし、市民団体やマスコミ関係団体にまで調査の触手を伸ばし、組織延命のためには「特定の政治勢力」と連携することすら内部文書に明記するようなメンタリティーを抱えた組織なのである。

改正住民基本台帳法

盗聴法とほぼ同時に成立した改正住民基本台帳法と公安警察との〝関係〟についても簡単に触れておきたいと思う。

一九九九年八月、盗聴法の直後に成立した改正住基法は、全ての国民に一〇桁の番号を付け、氏名、住所、性別、生年月日の四情報をコンピューターでネットワーク化することで行政事務の効率化を図り、希望者には住民基本台帳カード(ＩＣカード)を交付するという制度だ。

法案成立にあたって政府は強く否定してきたが、改正住基法がこれまで世論の強い反発を受け続けてきた国民総背番号制の第一歩であることは疑いない。将来は四情報以外にもさまざまなデータが入力され、政府によって一元管理されるのではないかという危惧の声も消えない。すでに選挙時の電子投票システムが構想され、その際に住民基本台帳カードの利用を検討すると自治省側は国会の場でも公言している。活用の範囲が拡大するにつれ、インプットされるのが四情報だけですむわけがない。

では、実際に多種多様な個人データが集約的に入力された場合、どのような事態が現出する恐れがあるのか。そのモデルケースともいえる〝実験〟が、すでに島根県出雲市で行われている。

出雲市での〝実験〟

出雲市で、改正住基法による住民基本台帳カードを先取りしたような「出雲市民カード」が導入されたのは一九九七年一月のことだった。カードには住所、氏名などの基本情報のほか、病歴といった健康情報までインプットされ、住民票や印鑑登録証が自動交付機で取得できるばかりか、図書館の利用、提携した九つの金融機関ではキャッシュカードとしての使用まで可能なものだった。

国民総背番号制へのシミュレーションだったことを暗示するかのように、出雲市は自治省や厚生省の全面支援を受け、約六億円もの資金を注ぎ込んで実施に移した。だが結論を先に言えば、出雲市の〝実験〟は失敗に終わった。対象市民六万七〇〇〇人に対し、利用者はわずか六〇〇〇人強にとどまり、現在は制度を廃止の方向で検討中だという。

失敗の原因のうち最大のものは〝強制力の不在〟だったという。カードを持っている市民と持たざる市民とを平等に扱わざるを得なかったため、カード所持者が広がらなかったとの論理だ。言葉を換えるならば、携帯義務が付加されたら事態は変わる。

出雲市のケースは改正住基法に関して、我々にきわめて重要な示唆を与えてくれる。一枚のカードに、一人の人間の病歴、銀行口座の出入金、さらには図書館で借りた本の履歴までがインプットされるとするならば、そこから個人の健康状態、経済状況、興味の方向、思想傾向までをおしはかることが可能となる。つまりは、公安警察による協力者獲得作業における「基礎調査」項目のほとんどが一枚のカードに凝縮されることになるのである。

もちろん当面は改正住基法が公安警察の活動と直結すると断言する材料はない。だが、本来アクセスできないはずの公的な個人情報に対し、公安警察、公安調査庁が容易に近づいている実態は本書の中で見てきたとおりだ。総背番号制として徐々に整備されていった場合、制度が治安維持名目に使われる恐れを排除できるとはとても思えない。まして今度は一自治体の試みではなく、国家が音頭をとって制度を導入するのである。

監視と管理が進む

一九九九年七月六日、東京都千代田区にある経団連会館一二階のダイヤモンドルーム。この日開かれた経団連主催の「企業人政治フォーラム」の総会で、経済界トップを前に演壇に立った一人の大物政治家が熱弁を振るっていた。「自自公」与党体制の一角を占め、改正住基法成立でも推進役として重要な役割を果たした自由党党首の小沢一郎である。講演の中で小沢は声を張り上げてこう訴えた。

「(改正住民基本台帳法は)政府は国防、安全保障、治安の問題では使えないと説明しているが、そこに使わないで何のためにやるんだ。当たり前じゃないか。(盗聴法も)総背番号制の話もそうだが、国家的な危機管理という考え方が根底にあって、初めて成り立つんだ」「正面から『治安維持のために必要』『プライバシーを守るための厳重な乱用禁止規定を設ける』と言えばすむのに、こてんぱんにやられるから(政府は)絶対にそうは言わない」

小沢の勢いに圧倒されたのか、経団連会長の今井敬ら居並ぶ経済人からは質問の一つも出なかった。

プライバシー問題に詳しい朝日大学教授石村耕治は「本来、個人の財産であるべきプライバシーを国の財産にしようというのが今回の改正だ。その先にあるのは国による住民情報の管理と利用以外の何者でもない」と指摘する。前出の桜井もこう言う。

「国による管理強化を狙った法整備やシステムの強化ばかりが進められている。このままでは、自分が知らない家族や恋人の情報まで、国や警察が把握しているような時代になりかねない。そんな社会が正常でしょうか」

監視と管理の装置は着実に強化され、公安警察、公安調査庁などを始めとする治安機関は相変わらず閉鎖された壁の向こうで密やかに活動を続ける。時に大きなミスを犯し、時に堰を切ったように猛然と、活発に……。

おわりに

巨象の背中を撫でただけに過ぎない――。執筆を終えた今も、そんな思いは消えない。

個人的なことを記せば、勤務する会社の記者として一九九四年から九六年まで警視庁の記者クラブに在籍し、オウム真理教事件の渦中で激しく揺れ動いた警備・公安警察の取材に携わった。その後も一個人の記者としてではあったけれど、機会あるごとに公安警察、公安調査庁、あるいはその周辺動向に関する取材を続けてきた。

だが、取材すればするほど、奥にブラックホールのような闇を新たに感じた。それは時に驚くほど凡庸な片鱗を晒すかと思うと、時に信じ難いほど巨大な不透明部分の存在を予感させた。率直に言って、その闇の深度が浅いのか深いのかを計ることすらできず、とても摑み切れそうにないように思えた。今もその気持ちは変わっていない。

それでもこうした形で執筆に踏み切ったのは、「はじめに」で記したとおり、あまりに短視的な国家機能の強化を無批判に易々と受け入れている風潮に倦怠感と焦燥感を覚えたからである。

とはいえ、倦怠感と焦燥感というごく個人的な思いを本書という形にする機会を与えてくれたのは、私が現在勤務する共同通信社会部の先輩記者の勧めという幸運な偶然があったからだった。先輩記者から講談社学芸図書第一出版部の矢吹俊吉前部長を紹介され、お二人から執筆を勧められることがなければ、本書が世に出ることはなかった。

実際に執筆に入って以降は、非力な私を過分なほど数多くの人々が支えてくれた。遅れがちな原稿を辛抱強く待っていただいた同部の上田哲之現部長、担当の岡本浩睦さんの叱咤激励と適切なアドバイスがなければ怠惰な私が本稿を最後まで書き切ることはできなかったであろうし、取材・執筆の全過程を通じて信頼すべき仲間、同僚、あるいは尊敬する先輩ジャーナリストなど、実に多くの人々の協力に支えられ、陰に陽に作業を助けていただいた。

最後に、本当に心から、お礼を申し上げたい。

筆者としては、本書に目を通した一人でも多くの読者が、公安警察を中心とした日本の治安機構という巨象の背中を覆う肌の〝ざらつき〟だけでも感じていただければ幸いである。

一九九九年一二月

青木　理

公安関連年表

一九四五(昭和二〇)年
8・15　日本、無条件降伏
10・4　連合国軍総司令部(GHQ)、治安維持法と特高警察の廃止を指示
11・21　治安警察法廃止
12・19　内務省警保局内に公安課新設

一九四六(昭和二一)年
8・1　警保局公安課が公安一課と公安二課に分離

一九四七(昭和二二)年
12・17　警察法成立(施行は翌年3月)
12・31　内務省解体

一九四八(昭和二三)年
2・11　地方自治体警察発足

一九四九(昭和二四)年
7・5　下山事件
7・15　三鷹事件
8・17　松川事件

一九五〇(昭和二五)年
6・6　マッカーサー、日本共産党中央委員の公職追放を指令
7・8　マッカーサー、警察予備隊の創設を指令
7・28　新聞・通信・放送などのレッドパージ開始

一九五一(昭和二六)年
6・4　警察法改正案可決
9・8　対日講和条約、日米安全保障条約調印

一九五二(昭和二七)年
2・20　東大の劇団ポポロ座上演中に公安警官と学生がもみ合いになる(東大ポポロ事件)
4・9　総理大臣官房に内閣調査室創設
4・15　警視庁機構改革
5・1　皇居前広場で血のメーデー事件発生
6・2　大分県で菅生事件発生
7・4　破防法可決
7・21　破防法施行、公安調査庁発足

一九五四(昭和二九)年
1・24　ラストロボフ元在日ソ連書記官をスパイ容疑で摘発
6・7　新警察法、参院で強行可決

一九五七(昭和三二)年
3・31　警視庁で組織改編、公安部創設
8・1　内閣調査室創設

一九五八(昭和三三)年
12月　大阪府警平野署の公安警察官が協力者獲得の資料を紛失

一九六〇(昭和三五)年
1・19 ワシントンで日米新安保条約・行政協定調印
10・12 浅沼稲次郎社会党委員長、右翼少年に刺殺される

一九六一(昭和三六)年
2・1 中央公論社社長宅に右翼少年が入り、家政婦を殺害（「風流夢譚」事件）
12・12 池田内閣要人の暗殺・クーデター計画発覚、旧軍人・右翼一三人逮捕（三無事件）

一九六八(昭和四三)年
10・12 東大で全学無期限ストライキに突入

一九六九(昭和四四)年
1・19 警視庁が機動隊員を八五〇〇人投入、東大と安田講堂の封鎖解除
11・5 大菩薩峠で軍事訓練中の赤軍派五三人を逮捕

一九七〇(昭和四五)年
3・16〜20 名古屋市立大で八件もの連続放火事件発生。のちに女性の公安協力者による犯行と発覚
3・31 赤軍派、日航機「よど号」をハイジャック
4・3 「よど号」平壌入り
11・25 三島由紀夫、陸上自衛隊市谷駐屯地で割腹自殺

一九七一(昭和四六)年
6・17 中核派学生、明治公園で対人爆弾ゲリラ
7・15 連合赤軍結成
12・2 連合赤軍、山梨県新倉で合同軍事訓練を実施
12・18 警視庁警務部長宅に届けられた小包爆弾で、警務部長夫人が死亡
12・24 新宿・追分派出所横のクリスマス・ツリー爆弾が爆発、一二人が重軽傷

一九七二(昭和四七)年
2・19 浅間山荘に連合赤軍五人が人質を取って籠城
2・28 浅間山荘に武装警官突入、犯人逮捕
5・30 日本赤軍、テルアビブのロッド空港で銃乱射

一九七三(昭和四八)年
8・8 金大中拉致事件発生

一九七四(昭和四九)年
8・30 三菱重工本社前で東アジア反日武装戦線〈狼〉による爆破事件発生
10・14 〈大地の牙〉が三井物産本社前を爆破

一九七五(昭和五〇)年

5・19　警視庁公安部、東アジア反日武装戦線メンバー八人を逮捕

8・4　日本赤軍、クアラルンプールで大使館占拠、〈狼〉、連合赤軍らのメンバー五名出国

一九七七(昭和五二)年

9・28　日本赤軍、日航機をボンベイ離陸直後ハイジャック、連合赤軍メンバーら六人を釈放

一九八五(昭和六〇)年

11・27　神奈川県警公安一課員による共産党国際部長宅電話盗聴事件発覚

一九八七(昭和六二)年

5・3　朝日新聞阪神支局が襲撃され、記者一人死亡。のちに「赤報隊」名で犯行声明届く

11・20　日本赤軍の丸岡修を都内で逮捕

一九九〇(平成二)年

11・12　天皇即位の礼。東京などで同時多発ゲリラ起こる

一九九二(平成四)年

3・1　暴力団新法施行

一九九五(平成七)年

3・20　地下鉄サリン事件発生

3・30　国松孝次警察庁長官狙撃事件発生

5・15　オウム真理教の井上嘉浩逮捕

5・16　オウム真理教の麻原彰晃教祖逮捕

一九九六(平成八)年

7・11　公安調査庁がオウム真理教の団体規制を公安委員会に請求

10・24　現職警察官の国松長官狙撃自供が発覚

10・28　現職警察官の国松長官狙撃自供問題で警視庁公安部長更迭

一九九七(平成九)年

1・31　オウム真理教に対する団体規制請求を棄却

一九九八(平成一〇)年

1・7　警視庁公安部による革マル派豊玉アジト強制捜査開始

4・9　警視庁公安部による革マル派浦安アジト強制捜査

一九九九(平成一一)年

8・12　盗聴法を含む組織的犯罪対策三法、改正住民基本台帳法可決

12・3　オウム新法可決

参考文献

日本弁護士連合会編『検証　日本の警察』（一九九五、日本評論社）
日弁連人権擁護委員会『人権白書』昭和四三年版
『警視庁年表』（一九六八、警視庁総務部企画課）
警視庁史編さん委員会編『警視庁史　昭和中編（上）』（一九七八、警視庁史編さん委員会）
警察庁警察史編さん委員会『戦後警察史』（一九七七、警察庁長官官房総務課）
総務庁行政管理局監修『行政機構図』（一九八八、行政管理研究センター）
警察制度研究会『警察　現代行政全集23』（一九八五、ぎょうせい）
官公庁資料編纂会『日本戦後警察史』（一九九七、官公庁文献研究会）
大霞会編『内務省史』（一九八〇、原書房）
警備研究会『極左・右翼・日本共産党用語集』（一九九七、立花書房）
立花書房編集部編『新版　警備警察』（一九七四、立花書房）
高橋昌規『新版　巡回連絡―地域警察の原点』（一九九三、立花書房）
甲田宗彦『警備公安事件の諸問題と判例の動向』（一九八一、日世社）
法学セミナー増刊『警察の現在』（一九八七、日本評論社）
教育社編『便覧　警察庁』（教育社）
広中俊雄『警備公安警察の研究』（一九七三、岩波書店）
広中俊雄『日本の警察』（一九五五、岩波書店）
広中俊雄『戦後日本の警察』（一九六八、岩波書店）
荻野富士夫『戦後治安体制の確立』（一九九九、岩波書店）
戒能通孝『警察権』（一九六〇、岩波書店）
野村平爾・大野達三・内藤功・渡辺脩編『警察黒書』（一九六九、労働旬報社）
清源敏孝『消えた警察官』（一九五七、現代社）
秘密警察糾弾人権擁護共闘会議『秘密警察の全貌』（一九五九、秘密警察糾弾人権擁護共闘会議）

新日本出版社編集部編『裁かれた警察の電話盗聴』(一九九八、新日本出版社)
上田誠吉『見えてきた秘密警察』(一九九五、花伝社)
大野達三『日本の警察』(一九九五、新日本出版社)
大野達三『日本の政治警察』(一九七三、新日本新書)
小林道雄『日本警察の現在』(一九九八、岩波書店)
鈴木卓郎『日本警察の秘密』(一九八〇、潮文社)
鈴木卓郎『日本警察の解剖』(一九八五、講談社)
田原総一朗『新・内務官僚の時代』(一九八四、講談社)
読売新聞社会部編『にっぽん警察』(一九八六、読売新聞社)
朝日新聞社編『新情報戦』(一九七八、朝日新聞社)
吉川経夫・小田中聰樹『治安と人権』(一九七四、法律文化社)
杉村敏正・宮内裕・岡崎万寿秀『戦後秘密警察の実態』(一九六〇、三一書房)
伊藤栄樹『検事総長の回想　秋霜烈日』(一九九二、朝日文庫)
原文兵衛『元警視総監の体験的昭和史』(一九八六、時事通信社)
久保博司『警察官の「世間」』(一九九九、宝島社新書)
「法律時報」一九七〇年六月号臨時増刊『治安と人権』
別冊宝島編集部編『裸の警察』(一九九七、宝島社)
黒木昭雄『警官は狙いを定め、引き金を弾いた』(一九九九、草輝出版)
鈴木達也『山口組壊滅せず』(一九八四、講談社)
松橋忠光『わが罪はつねにわが前にあり』(一九九四、社会思想社)
島袋修『封印の公安警察　あなたのそばにスパイがいる』(一九九八、沖縄教育図書)
島袋修『公安警察スパイ養成所』(一九九五、宝島社)
斎藤茂男『夢追い人よ　斎藤茂男取材ノート1』(一九八九、築地書館)
鍬本實敏『警視庁刑事』(一九九六、講談社)
堀幸雄『増補　戦後の右翼勢力』(一九九三、勁草書房)

高木正幸『右翼・活動と団体』（一九八九、土曜美術社）
鈴木邦男『新増補版　新右翼　民族派の歴史と現在』（一九九四、彩流社）
金大中『いくたびか死線を越えて』（一九九八、千早書房）
諜報事件研究会『戦後のスパイ事件』（一九九〇、東京法令出版）
滝川洋『過激派壊滅作戦』（一九七三、三一書房）
高沢皓司編著『全共闘グラフィティ』（一九八四、新泉社）
高沢皓司『兵士たちの闇』（一九八二、マルジュ社）
読売新聞大阪本社社会部『連合赤軍』（一九七二、潮出版社）
松下竜一『狼煙を見よ』（一九八七、河出書房新社）
高木正幸『新左翼三十年史』（一九八八、土曜美術社）
谷川葉『警察が狙撃された日』（一九九八、三一書房）
毎日新聞社会部『オウム事件取材全行動』（一九九五、毎日新聞社）
麻生幾『極秘捜査』（一九九七、文藝春秋）
吉見太郎とその仲間『お笑い公安調査庁』（一九九九、現代書館）
宮岡悠『公安調査庁の暴走』（一九九六、現代書館）
吉原公一郎『謀略の構図』（一九七七、ダイヤモンド社）
吉原公一郎『謀略列島』（一九七八、新日本出版社）
吉原公一郎『日米同盟への陰謀　続・謀略列島』（一九八二、新日本出版社）
浜島望『警察の盗撮・監視術』（一九九四、技術と人間）
浜島望『電子検問システムを暴く　警察がひた隠す』（一九九八、技術と人間）
斎藤貴男『プライバシークライシス』（一九九九、文春新書）

N.D.C.317　262p　18cm
ISBN4-06-149488-0

講談社現代新書　1488

日《に》本《ほん》の公《こう》安《あん》警《けい》察《さつ》

二〇〇〇年一月二〇日第一刷発行　二〇二四年六月二一日第二六刷発行

著　者　青《あお》木《き》　理《おさむ》

発行者　森田浩章
発行所　株式会社講談社
東京都文京区音羽二丁目一二―二一　郵便番号一一二―八〇〇一
電　話　〇三―五三九五―三五二一　編集（現代新書）
〇三―五三九五―四四一五　販売
〇三―五三九五―三六一五　業務
カバー・表紙デザイン　中島英樹
印刷所　株式会社ＫＰＳプロダクツ
製本所　株式会社ＫＰＳプロダクツ
定価はカバーに表示してあります　Printed in Japan

「講談社現代新書」の刊行にあたって

教養は万人が身をもって養い創造すべきものであって、一部の専門家の占有物として、ただ一方的に人々の手もとに配布され伝達されうるものではありません。

しかし、不幸にしてわが国の現状では、教養の重要な養いとなるべき書物は、ほとんど講壇からの天下りや単なる解説に終始し、知識技術を真剣に希求する青少年・学生・一般民衆の根本的な疑問や興味は、けっして十分に答えられ、解きほぐされ、手引きされることがありません。万人の内奥から発した真正の教養への芽ばえが、こうして放置され、むなしく滅びさる運命にゆだねられているのです。

このことは、中・高校だけで教育をおわる人々の成長をはばんでいるだけでなく、大学に進んだり、インテリと目されたりする人々の精神力の健康さえもむしばみ、わが国の文化の実質をまことに脆弱なものにしています。単なる博識以上の根強い思索力・判断力、および確かな技術にささえられた教養を必要とする日本の将来にとって、これは真剣に憂慮されなければならない事態であるといわなければなりません。

わたしたちの「講談社現代新書」は、この事態の克服を意図して計画されたものです。これによってわたしたちは、講壇からの天下りでもなく、単なる解説書でもない、もっぱら万人の魂に生ずる初発的かつ根本的な問題をとらえ、掘り起こし、手引きし、しかも最新の知識への展望を万人に確立させる書物を、新しく世の中に送り出したいと念願しています。

わたしたちは、創業以来民衆を対象とする啓蒙の仕事に専心してきた講談社にとって、これこそもっともふさわしい課題であり、伝統ある出版社としての義務でもあると考えているのです。

一九六四年四月　野間省一

哲学・思想Ⅰ

66 哲学のすすめ——岩崎武雄
159 弁証法はどういう科学か　三浦つとむ
501 ニーチェとの対話——西尾幹二
871 言葉と無意識——丸山圭三郎
898 はじめての構造主義　橋爪大三郎
916 哲学入門一歩前——廣松渉
921 現代思想を読む事典　今村仁司 編
977 哲学の歴史——新田義弘
989 ミシェル・フーコー　内田隆三
1001 今こそマルクスを読み返す　廣松渉
1286 哲学の謎——野矢茂樹
1293 「時間」を哲学する——中島義道

1315 じぶん・この不思議な存在——鷲田清一
1357 新しいヘーゲル——長谷川宏
1383 カントの人間学——中島義道
1401 これがニーチェだ——永井均
1420 無限論の教室——野矢茂樹
1466 ゲーデルの哲学——高橋昌一郎
1575 動物化するポストモダン　東浩紀
1582 ロボットの心——柴田正良
1600 ハイデガー=存在神秘の哲学——古東哲明
1635 これが現象学だ——谷徹
1638 時間は実在するか　入不二基義
1675 ウィトゲンシュタインはこう考えた　鬼界彰夫
1783 スピノザの世界——上野修

1839 読む哲学事典——田島正樹
1948 理性の限界——高橋昌一郎
1957 リアルのゆくえ——大塚英志 東浩紀
1996 今こそアーレントを読み直す——仲正昌樹
2004 はじめての言語ゲーム——橋爪大三郎
2048 知性の限界——高橋昌一郎
2050 超解読！ はじめてのヘーゲル『精神現象学』　竹田青嗣 西研
2084 はじめての政治哲学　小川仁志
2099 超解読！ はじめてのカント『純粋理性批判』　竹田青嗣
2153 感性の限界——高橋昌一郎
2169 超解読！ はじめてのフッサール『現象学の理念』——竹田青嗣
2185 死別の悲しみに向き合う——坂口幸弘
2279 マックス・ウェーバーを読む——仲正昌樹

哲学・思想Ⅱ

宗教

Ⓒ

政治・社会

1145 冤罪はこうして作られる　小田中聰樹
1201 情報操作のトリック　川上和久
1488 日本の公安警察——青木理
1540 戦争を記憶する——藤原帰一
1742 教育と国家——高橋哲哉
1965 創価学会の研究——玉野和志
1977 天皇陛下の全仕事——山本雅人
1978 思考停止社会——郷原信郎
1985 日米同盟の正体——孫崎享
2068 財政危機と社会保障——鈴木亘
2073 リスクに背を向ける日本人　山岸俊男／メアリー・C・ブリントン
2079 認知症と長寿社会——信濃毎日新聞取材班

2115 国力とは何か——中野剛志
2117 未曾有と想定外——畑村洋太郎
2123 中国社会の見えない掟　加藤隆則
2130 ケインズとハイエク　松原隆一郎
2135 弱者の居場所がない社会　阿部彩
2138 超高齢社会の基礎知識　鈴木隆雄
2152 鉄道と国家——小牟田哲彦
2183 死刑と正義——森炎
2186 民法はおもしろい——池田真朗
2197 「反日」中国の真実——加藤隆則
2203 ビッグデータの覇者たち——海部美知
2246 愛と暴力の戦後とその後——赤坂真理
2247 国際メディア情報戦——高木徹

2294 安倍官邸の正体——田﨑史郎
2295 福島第一原発事故 7つの謎　NHKスペシャル『メルトダウン』取材班
2297 ニッポンの裁判——瀬木比呂志
2352 警察捜査の正体——原田宏二
2358 貧困世代——藤田孝典
2363 下り坂をそろそろと下る　平田オリザ
2387 憲法という希望——木村草太
2397 老いる家 崩れる街　野澤千絵
2413 アメリカ帝国の終焉　進藤榮一
2431 未来の年表——河合雅司
2436 縮小ニッポンの衝撃　NHKスペシャル取材班
2439 知ってはいけない——矢部宏治
2455 保守の真髄——西部邁

経済・ビジネス

350 経済学はむずかしくない〈第2版〉——都留重人
1596 失敗を生かす仕事術　畑村洋太郎
1624 企業を高めるブランド戦略——田中洋
1641 ゼロからわかる経済の基本——野口旭
1656 コーチングの技術——菅原裕子
1926 不機嫌な職場——高橋克徳 河合太介 永田稔 渡部幹
1992 経済成長という病——平川克美
1997 日本の雇用——大久保幸夫
2010 日本銀行は信用できるか　岩田規久男
2016 職場は感情で変わる　高橋克徳
2036 決算書はここだけ読め!——前川修満
2064 決算書はここだけ読め! キャッシュ・フロー計算書編　前川修満
2125 ビジネスマンのための「行動観察」入門　松波晴人
2148 経済成長神話の終わり　アンドリュー・J・サター 中村起子 訳
2171 経済学の犯罪——佐伯啓思
2178 経済学の思考法——小島寛之
2218 会社を変える分析の力　河本薫
2229 ビジネスをつくる仕事　小林敬幸
2235 20代のための「キャリア」と「仕事」入門——塩野誠
2236 部長の資格——米田巖
2240 会社を変える会議の力　杉野幹人
2242 孤独な日銀——白川浩道
2261 変わった世界 変わらない日本——野口悠紀雄
2267 「失敗」の経済政策史　川北隆雄
2300 世界に冠たる中小企業　黒崎誠
2303 「タレント」の時代——酒井崇男
2307 AIの衝撃——小林雅一
2324 〈税金逃れ〉の衝撃　深見浩一郎
2334 介護ビジネスの罠——長岡美代
2350 仕事の技法——田坂広志
2362 トヨタの強さの秘密　酒井崇男
2371 捨てられる銀行——橋本卓典
2412 楽しく学べる「知財」入門——稲穂健市
2416 日本経済入門——野口悠紀雄
2422 捨てられる銀行2 非産運用——橋本卓典
2423 勇敢な日本経済論——高橋洋一 ぐっちーさん
2425 真説・企業論——中野剛志
2426 東芝解体 電機メーカーが消える日　大西康之

世界の言語・文化・地理

日本史Ⅰ

1258 身分差別社会の真実——斎藤洋一 大石慎三郎
1265 七三一部隊——常石敬一
1292 日光東照宮の謎——高藤晴俊
1322 藤原氏千年——朧谷寿
1379 白村江——遠山美都男
1394 参勤交代——山本博文
1414 謎とき日本近現代史 野島博之
1599 戦争の日本近現代史 加藤陽子
1648 天皇と日本の起源 遠山美都男
1680 鉄道ひとつばなし——原武史
1702 日本史の考え方——石川晶康
1707 参謀本部と陸軍大学校 黒野耐

1797 「特攻」と日本人——保阪正康
1885 鉄道ひとつばなし2——原武史
1900 日中戦争——小林英夫
1918 日本人はなぜキツネにだまされなくなったのか 内山節
1924 東京裁判——日暮吉延
1931 幕臣たちの明治維新 安藤優一郎
1971 歴史と外交——東郷和彦
1982 皇軍兵士の日常生活 一ノ瀬俊也
2031 明治維新 1858-1881 坂野潤治 大野健一
2040 中世を道から読む——齋藤慎一
2089 占いと中世人——菅原正子
2095 鉄道ひとつばなし3——原武史
2098 戦前昭和の社会 1926-1945——井上寿一

2106 戦国誕生——渡邊大門
2109 「神道」の虚像と実像 井上寛司
2152 鉄道と国家——小牟田哲彦
2154 邪馬台国をとらえなおす——大塚初重
2190 戦前日本の安全保障——川田稔
2192 江戸の小判ゲーム——山室恭子
2196 藤原道長の日常生活 倉本一宏
2202 西郷隆盛と明治維新 坂野潤治
2248 城を攻める 城を守る——伊東潤
2272 昭和陸軍全史1——川田稔
2278 織田信長〈天下人〉の実像 金子拓
2284 ヌードと愛国——池川玲子
2299 日本海軍と政治——手嶋泰伸

Ⓖ

日本史Ⅱ